中国古代大政治家的治国智慧

◎ 马平安 著

商鞅强秦
农战为本与制度立国

中国文史出版社

图书在版编目（CIP）数据

商鞅强秦 : 农战为本与制度立国 / 马平安著 . --
北京 : 中国文史出版社 , 2021.12
（中国古代大政治家的治国智慧）
ISBN 978-7-5205-3166-5

Ⅰ . ①商… Ⅱ . ①马… Ⅲ . ①商鞅（前 390- 前 338）
—生平事迹 Ⅳ . ① B226.2

中国版本图书馆 CIP 数据核字 (2021) 第 181870 号

责任编辑：窦忠如

出版发行：中国文史出版社

社　　址：北京市海淀区西八里庄路 69 号院　邮编：100142
电　　话：010-81136606　81136602　81136603（发行部）
传　　真：010-81136655
印　　装：廊坊市海涛印刷有限公司
经　　销：全国新华书店
开　　本：787×960　1/32
印　　张：6.5
字　　数：113 千字
版　　次：2022 年 9 月北京第 1 版
印　　次：2022 年 9 月第 1 次印刷
定　　价：36.00 元

作者简介

马平安，1964年生，河南卢氏人，历史学博士，中国社会科学院近代史研究所研究员、中国社会科学院大学教授。出版著作《晚清变局下的中央与地方关系》《近代东北移民研究》《北洋集团与晚清政局》《中国政治史大纲》《中国传统政治的基因》《中国近代政治得失》《走向大一统》《传统士人的家国天下》《黄帝文化与中华文明》《孔子之学与中国文化》等30余部，发表文章50余篇。

总　序　治理国家需要以史为鉴

世上任何事情的出现，都是一种因缘关系在起作用的结果。

这套即将问世的政治家与中国传统国家治理智慧的小丛书，即是本人对中国传统政治与文化多年学习与思考后水到渠成的一种自然的结果。

从宏观上来看，国家的治理是一项十分复杂的系统工程。但如果将这一复杂性和系统性作抽象的归类，其基本内容则主要只有两项，也就是《管子·版法解》中所说的"治之本二：一曰人，二曰事"。这其中，人才是关系国家兴衰的第一要素，所以《管子·牧民》篇又说："天下不患无臣，患无君以使之；天子不患无财，患无人以分之。"历史上，政治家对国家制度的探讨、官员的任用、民众的管理、财政的开发、外交的谋划、各种突发事件的应对及处理，等等，无不是对国家治理经验的丰富与积淀，而由这些内容所形成的政治文化，就成为中华民族文化中极其重要的组成部分。

中外古今大量历史经验表明，一个国家和民族的存在与发展，最根本的依赖是文化，以及由文化而产生出来的文化精神。民族的文化精神是一个国家和民族赖以生存和发展的支柱，是一个国家和民族的脊梁，代表着一个国家和民族的精气神。离开了文化和文化精神的支撑，该国家或民族的存在便无以为继。从周公到康熙皇帝，他们都是在中国乃至中华民族发展历史上作出了巨大贡献的杰出人物，他们缔造的政治制度、所展现的政治智慧，都成为中国文化精髓中的重要组成部分，对中华民族的传承与发展有着不可替代的支撑作用。

中国古人懂得总结历史经验教训的重要性，应该是从黄帝时代就开始了，但有明确文字记载的，则要从周人说起。

周人对历史经验的总结、回顾，从文王时代就已经有了明确的记载。《诗经·大雅·荡》篇引文王所说的"殷鉴不远，在夏后之世"，就是周文王针对殷纣王不借鉴也不重视夏后氏被商汤灭亡的教训所发出的叹惜。朱熹在其《诗集传》中说："殷鉴在夏，盖为文王叹纣之辞。然周鉴之在殷，亦可知矣。"文王一方面为殷纣王而叹惜，另一方面也以历史的经验教训作为周人的戒鉴。

殷商灭亡后，周武王、周公以及其他一些有为的周王和辅政大臣更是常常总结夏殷两代人的经验教训。这可以分成两个方面，一方面是对夏殷两代成功统治经验的总结以供学习、效法；另一方面是对夏殷两代执政者的罪过、错误和失败教训的总结以供戒惕。这种模式，可以说是开了中国人史鉴意识的先河。

周人思维的特征之一就是习惯以古观今，拿历史来借鉴、说明、指导现实以照亮未来前进的方向。周初统治者即是这种思维特征的代表人物。周公治理国家，不仅总结了夏殷两代失败的历史教训，而且还总结了夏殷先王成功的历史经验，并对这些经验予以高度的赞扬和汲取，从而开创了中国历史上的封建政治制度与建立了家国一体的文化意识。从《周易》《尚书》《诗经》《周礼》《仪礼》等若干先秦文献中，都可以看到周人具有的这种浓郁的史鉴意识。这种文化意识，深深地影响了中国人的文化与心理。

在现实生活中，我们在欣赏画作时，都知道每幅作品中藏着一个画魂，这个"魂魄"，往往代表了这幅画境界的高低与价值的大小。

以史观画，史学的作品，又何尝不是如此呢？

本丛书之"魂"，即是"传统国家治理的经验与教训"。这是一条古代政治家治理国家所汇集而成的波浪滔天、奔流不息的历史长河，在这条奔腾前行的河面上不时迸溅出交相辉映、绚丽夺目的朵朵浪花。

这也是一条关于中国古代治理智慧的珍珠玛瑙链，是对古代政治家治国理政智慧和务实政治原则的浓缩，是对古代统治者及关注政治与民生的政治思想家们勇猛精进所创造历史的经验教训的一种总结。

纵观中国古代治理史，夏、商、周三代，周公对国家的治理最具有代表性，他封邦建国，创建宗法制度、礼乐文化，以德治国，注重史鉴，对中国传统政治文化价值体系的形成和发展，有着独特的贡献。春秋时期，孔子对国家治理的思考与探索亦堪称典型。他把政治的实施过程看作是一个道德化的过程，十分强调执政者自己在政治实践中以身作则的表率作用，主张"礼治""德治""中庸"，十分强调统治者在治国理政中富民、使民、教民的重要性。战国时期，商鞅改革的成就史无前例。商鞅最重视国家的"公信力"，他主张用法治手段将国民全部集中于"农战"的轨道，"法""权""信"构成了他的治国三宝。在商鞅富国强兵政策的基础上，秦王嬴政实现了国家的统一。秦始皇所开创的中华帝制、郡县制，所拓展的疆域，进一步奠定了中华民族发展的基础。楚汉战争胜利后，刘邦建汉。作为一个务实且高瞻远瞩的政治家，他更具有史鉴意识，采用"拿来主义"，调和与扬弃周秦政治，他的伟大之处在于实行"秦果汉收"，兼采周公与秦始皇治国理政的长处，从而较好地解决了先秦中国政治遗产的继承和发展问题。汉武帝是继周公、孔子、秦始皇、汉高祖之后又一具有雄才大略的不世之主。他治国理政兼用王霸之道，在意识形态上采取文化专制主义，尊崇儒术，重视中央集权以及皇权的建设。三国两晋南北朝时期，因为分裂与战乱，这一时期鲜有在国家治理方面高水平的大政治家，其间尽管有曹操的挟天子以令诸侯、在北方开辟屯田；诸葛亮治理西蜀与西南地区，但皆无法与统一强大王朝的治理体系与能力相媲美。唐宋时代，唐太宗、宋太祖对国家的治理堪为后世示范。唐太宗的三省制衡机制、宋太祖对文官制度的重视与建设都很有特色。北宋后期有王安石变法，但这种努力以失败而告终，非但没有能够挽救北宋王朝，相反倒十足加剧了北宋的动荡与灭亡。明代中后期，统治者一直在寻找振兴之路，其中以张居正新政最具代表性。张居正治国理政所推行的考成法与一条鞭法，为后来治国者的治吏与增加财政收入提供了经验教训。清朝前期，康熙皇帝用理学治国，用各民族团结代替战国以来的"长城线"边防思维，今天中国五十六个民族、幅员辽阔的疆域领土、大国的自信，等等，都是那个时候奠定的。康乾盛世是中国古代五大盛世中成就最高的盛世，康熙皇帝治国理政的经验教训值得总结。

从历史上看，历代帝王圣贤皆重视治国理政、安民惠民，这是经济义理之学所以能成为中国传统文化核心特征的一大重要因素。

笔者以为，在追求学问之路上，大致可以分为四重境界来涵养：

第一重境界，专业之学。也可以称为职业之学，是人们讨生活、养家庭，生存于天地、社会间必具的一门专业学问。只要努力与坚持，人人可为，尽管会有程度高低不同。

第二重境界，为己之学。也可以说是兴趣之学、爱好之学、养基之学。对于这种学问，没有功利，不为虚名，只为爱好而为之。

第三重境界，立心之学。在尽可能走尽天下路、阅尽阁中书，充分汲取天地人文精华的基础上，立志尽己之能为人间留一点正能量的东西，哪怕是炳烛、萤火之光。

第四重境界，治国平天下之学。这种学问在实践上有诸多苛刻条件的限制，无职无位无权者很难走得更远；在理论上也需要有远大抱负、超凡脱俗之人来建树。做这种学问的目的，在于"为万世开太平"，为民族为国家之繁荣富强，为民众之安康福祉，生命不息，追求不已。

从格局上看，古人读书写作多非专职，由兴趣爱好适意为之，因为不是为了"衣食"，故以"为己"之学为多，其旨意亦多追求"立德立功立言"，在著作上讲究"经济义理考据辞章"。窃以为，古人眼中的"经济"，远不是今人所说的"经济"。"经"者，经邦治国；"济"者，济世安民也。经邦治国，济世安民才是古人心中的"经济"之学。"义理"是追求真理，为世人立心，替生民立命。"考据"重在材料在学术研究中的选择及运用。"辞章"则是重视文采的斑斓与华丽。对"经济""义理"的向往和追求是国人的动力，是第一位的。孔子曰："言而无文，行之不远。"此"文"说的就是"经济""义理"。"考据"需要勤奋、细心、谨慎、坚持就可以做到。"辞章"则往往与人的天赋与性格关系很大，千人千面，很多不是通过努力就能达到的。姚鼐在《述庵文钞·序》上说："余尝论学问之事，有三端焉，曰：义理也，考证也，文章也。"章学诚在《文史通义·说林》中说："义理存乎识，辞章存乎才，征实存乎学。"今天，如何学习与继承中国古人优良的著述传统，在生活实践中树立"修齐治平""家国天下""立德立功立言"三不朽意识，将"经济义理考据辞章"融会贯通，目前还有很多值得努力的地方。

从学术角度言，一部好的史学作品，离不开对史料的抉择与作者论述的到位。资料的充实、可靠，作品的立意高格、布局得体是形成一部好作品的必要条件，尤其是资料是否充实、可靠更是研究工作的基础。很明显，本丛书的立意布局都需要充实的资料来讲话。不幸的是，中国虽然是一个历史大国，然而扫去历史的尘埃，一旦进入相关领域认真搜寻探究，就会发现，史料的不足与缺乏成为制约史学作品完善与深入的瓶颈。从现有资料看，研究周公治国主要有《周易》《今古文尚书》《周礼》《仪礼》等；商鞅有《商君书》、出土的文物、《史记》等，孔子有五经、《论语》等；秦始皇有《史记》中的《秦始皇本纪》《秦本纪》，以及一些出土的秦简、文物等；汉高祖、汉武帝有《史记》《汉书》及汉人留下的一些著作；唐太宗有《贞观政要》《新唐书》《旧唐书》等；宋太祖有《宋史》《续资治通鉴长编》《续资治通鉴》等；王安石有《王安石全集》《宋史》《续资治通鉴长编》等；张居正有《张太岳集》《明史》《明实录》等；康熙皇帝有《康熙政要》《清史稿》《康熙起居注》《清实录》等，可作为参考。但说实话，这些资料仍然很不够，一句话，资料的缺乏与不足影响了本丛书认识与探索的空间，这也是美中不足、无何奈何的事情。

此外，史学作品要求一切根据资料讲话的特点，也决定了其风格只能是如绘画中的工笔或白描，而不能采用写意的手法，随意挥洒，这也影响了作品的表达形式。

本丛书是为人民大众服务的，首先，需要风格活泼、生动、有趣味，文字通俗、流畅、易懂、可读；其次，力求作品的学术性、严肃性与准确性。也许，只有在坚持学术性、严肃性与准确性的前提下，把学究式的文风变成人民大众喜闻乐见的文风，才能收到更广泛的社会效应。但我深知，很多地方还远远没有做到。"路漫漫其修远兮，吾将上下而求索。"大众学术一直是笔者努力的方向。

目前，中国正在进行伟大的变革，如何推进国家治理体系和治理能力现代化，这既是全面深化改革的热点，更是一个难点问题。在中国这样一个具有悠久历史和文化传统的国度里，我们必须遵循中华民族自身的发展规律，循序渐进地向前迈进。

习近平总书记指出："一个国家选择什么样的国家制度和国家治理体系，是由这个国家的历史文化、社会性质、经济发展水平决定的。"这提醒我们，中国的发展道路具有中国自身特色，实现中国国家治理现代化，离不开中国历史传承和文化传统，离不开中国经济社会发展水平，离不开中国人民自己的选择。

历史与文化是"民族的血脉，是人民的精神家园"，历史不能割断，实现中国国家治理现代化，需要中国"历史传承和文化传统"，源于"古"而成就于"今"，从中国古代的政治实践中汲取有益的营养，努力探寻传统文化的现代转化，为构建当今和谐社会提供借鉴，这是本丛书问世的目的所在。

希望这套小丛书能够多少帮助到对中国古代政治史感兴趣的人们！

作者 2020 年底于京城海淀

目　录

前　言　揭开强秦帷幕

战国年间，中国出现了一位杰出的政治家、军事家、思想家与改革家，这位一身多能的人物名叫商鞅，也叫卫鞅，这可能是因为他来自卫国的缘故，实际上，他复姓公孙，鞅是他的本名。他因为协助秦孝公治理秦国有功而受封于商、於之地，故后人亦多称他为商鞅。商鞅在秦国二十年的治国理政实践早已经成为中国政治史上一道美丽的风景线，一座巍峨的丰碑。他的治理目标是秦国的富强，他的治国路径是着眼未来，实现国家的统一与建立大一统的政治与社会秩序。

一、宝剑锋自磨砺出

公元前 361 年，秦孝公当政元年，这位一心想复兴先祖秦穆公时国家富强、军事强大的青年国君，一上台就向天下发布了一篇震铄古今的求贤令。文中说：

　　　　昔我穆公，自岐、雍之间，修德行武，东平晋乱，以河为界，西霸戎翟，广地千里，天子致伯，诸侯毕贺，为后世开业，甚光美。会往者厉、躁、简公、出子之不宁，国家内忧，未遑外事，三晋攻夺我先君河西地，诸侯卑秦，丑莫大焉。献公即位，镇抚边境，徙治栎阳，且欲东伐，复穆公之故地，修穆公之政令。寡人思念先君之意，常痛于心。宾客群臣有能出奇计强秦者，吾且尊官，与之分土。①

　　正是这篇招贤令，引出了一位前所未有的大改革家的横空出世。

　　这位改革家就是商鞅。

　　商鞅生活在一个动荡战乱的时代。

　　当时，经过春秋大规模的兼并战争，到战国初年，主要的诸侯国已经只剩下齐、楚、燕、韩、赵、魏、秦七个对峙的大国了。

　　凡是了解商鞅性格与处境的人大都清楚，故乡卫国太小了，而且四处强邻，朝不保夕，何况，商鞅本人在卫国的身份、地位也不高，是一位地道的"庶孽公子"，卫国不可能给他施展才华的平台。于是，这个有野心、有能力、急想出人头地却缺乏辉煌背景的年轻人，毫不留恋、毅然决然地离开了他的故土卫国，来到了当时经过魏文侯变法后强盛一时的

---

① （汉）司马迁：《史记》卷5《秦本纪》，中华书局1959年校点本，第202页。

魏国。这是因为，魏国是战国初年政治比较先进，经济、文化比较发达的一个有希望统一天下的强国。

魏文侯时，曾经任用李悝、吴起等一批能人贤士进行变法，富国强兵。而李悝、吴起正是商鞅仰慕、效法的政治人物。

李悝是战国初年著名的改革家，曾在魏国任相，在他任内，魏国富国强兵，称雄诸侯各国。

《魏书·刑罚志》记载："商君以《法经》六篇入秦。"①《晋书·刑法志》中也说："（李）悝撰次诸国法，著《法经》，……商君受之以相秦。"②由此可见，李悝的《法经》对商鞅以后在秦国的改革与施政产生了多么大的影响。

吴起则是商鞅的同乡。早年弃卫前往鲁国，因为仕途不顺后又离鲁奔魏，"魏文侯以为将，击秦，拔五城。""文侯以吴起善用兵，廉平，尽能得士心，乃以为西河守，以拒秦、韩。"③

英雄的召唤，刺激着商鞅。贵族后裔身份的高贵、家道败落后生活的窘迫，都使得商鞅产生了强烈的求取功名心理。他热衷于法家的学说，对李悝、吴起等人的改革成就十分向往，加上当时卫国又是魏国的属国，因此，在魏惠王即位不久，商鞅为了寻求发展，便离开了自己的故乡卫国，顺理成章地踏着吴起等人的足迹，来到魏国寻找机会。

---

① 《魏书》卷111《刑罚志》，中华书局1974年点校本，第2872页。
② 《晋书》卷30《刑法志》，中华书局1974年点校本，第923页。
③ （汉）司马迁：《史记》卷65《孙子吴起列传》，第2166页。

　　这时，李悝虽然早已去世，吴起也因受到魏武侯的亲信大臣的诽谤与排挤，已经逃亡楚国，但是，李悝、吴起的变法措施还在继续推行，魏国仍然相当强大。商鞅多么想用自己的热血去浇灌这块土地，去踏着他心中顶礼膜拜的李悝、吴起等先人的足迹，用智慧去让魏国继续强大，去让自己功成名就。

　　但是，在当时十分看重身份与地位的魏国，商鞅一时间也找不到接近魏惠王的机会，反复权衡后，他投到当时正受到魏惠王信任与重用的魏相公叔痤的门下。我们不知道商鞅是通过什么途径认识公叔痤的，各种史书上也没有明确的记载，但是，我们也会明白，这不是一件容易做到的事情。要知道，公叔痤当时可是一个中原大国的堂堂宰辅，不是谁想在他身边工作就能在他的身边工作的，可是商鞅做到了。从这件事上，无论后人怎样看待商鞅，起码，我们应当敬佩他的攻关才能。一叶落而知秋，商鞅不是一个简单的人物。

　　商鞅投到公叔痤的门下后，做了名"中庶子"。中庶子是公叔痤家中的执事人员，也就是个家臣，官并不大。但是，在公叔痤身边的生活与阅历，却使商鞅有机会系统地研究李悝、吴起的学说与改革的实践，这为他后来在秦国的变法奠定了基础。同时，他在帮助公叔痤办理魏国政事的过程中，进一步增长了见识，拥有了从政的实际经验。

　　商鞅在公叔痤身边兢兢业业地工作四年有余。在这四年多的时间中，他十足地表现出了自己的独特的政治见解和卓越的治理才干。以致丞相公叔痤认为，商鞅将是继他之后唯一可以支撑魏国的栋梁。公叔痤准备找机会将商鞅推荐给魏惠王。

然而，天有不测风云。公叔痤还没有来得及推荐商鞅，他自己就重病缠身、卧床不起。

有一天，魏惠王亲自去探望重病中的公叔痤，问道："万一先生有个三长两短，我的国家可怎么办呢？"公叔痤乘机推荐说："我有个家臣，叫公孙鞅，虽然年轻，但是有非凡的才能。希望大王能把国家托付给他，听凭他去治理。"

魏惠王虽然心比天高，然却眼拙不识真人，而且，还有一点刚愎自用的味道。他在公叔痤临终前拒绝了这位老人最后一次恳切的建议。

公叔痤见魏惠王不肯重用商鞅，在魏惠王临别时，支开了身边的仆人，小声叮嘱魏惠王道："大王如果不肯重用公孙鞅，就一定要把他杀掉，千万不能让他离开魏国而为别国所用。"然而，魏惠王却心不在焉。

魏惠王一走，公叔痤又于心不忍，马上派人将商鞅找来，对他说道："刚才魏王问我，谁可以接替我做魏相。我推荐了你。不过看他的表情，并没有应允。我本着先君后臣的原则，对魏王说，如果不重用你，就把你杀掉，以免将来为敌国所用。魏王已经答应了，你还是快点逃走吧，如果耽误的话，你就会被他们捉住杀掉。"

商鞅听了，倒很冷静，思忖了片刻，不慌不忙地对公叔痤说："您让魏王重用我，他不听；那么您让他杀掉我，他怎么会听呢？"他倒劝公叔痤不要烦忧，好好养病。

事情果如商鞅预料的那样，魏惠王见商鞅年纪轻、资历浅，又没有什么名望，根本看不起他。魏惠王回去以后，满不在乎地对左右说："公叔痤病得太厉害了，他竟叫我把国家交给他的家臣公孙鞅，真够荒唐的。"

实际上，真正荒唐的，不是公叔痤，倒是这个自以为聪明的魏惠王。

商鞅是公叔痤的家臣，自然在了解商鞅方面，公叔痤拥有着足够的权威。公叔痤能够长期担任魏国的国相，本身就说明他有着独特的能力。他长期协政魏国，广泛招揽宾客，在发现与任用人才上，自然有着独到的眼光。他临终前以国事为重，郑重地把商鞅推荐给魏惠王，却不料魏惠王不以此为喜，反把这件严肃的事当成了笑话，讲给左右大臣听。事后既不重用也不杀掉商鞅，这是魏国的悲哀，也足以表明了魏惠王的平庸。

天耶？命耶？人事耶？

公叔痤去世后，商鞅成了一个无可寄托的人，他感到魏国异乎寻常的寂静和寒冷。但是，他不甘心，希望通过别的友人如公子卬等人的推荐，魏惠王能够改变主意而重用自己。但是，他的愿望再次落空。

这样，他就不得不另谋生路。

恰在这时，从秦国传来消息，秦国的新任国君秦孝公颁布招贤令，招贤纳士，要仿效秦穆公事业，变法图强。

于是，对魏国死心的商鞅立即打点行装，带着李悝的《法经》，带着他多年来收集起来的与山东六国有关的政治、经济及军事相关的资料及文献，告别了安邑的故友，跋山涉水、日夜兼程地向秦国奔去。本该能够使魏国进一步强大且可能统一天下的一位旷世奇才，就这样不经意间被魏惠王推给了对手秦国。从此，魏、秦两国开始换势。

一个新时代就要开始了。

二、景监的举荐

商鞅来到秦国都城栎阳（今陕西省西安市阎良区）时，并没有直接去求见秦孝公，而是投到秦孝公宠臣景监的门下，做了一名食客。

商鞅这样做是有道理的：

第一，商鞅对秦孝公还一点也不了解，凭商鞅之聪明才智，他一定不会在一件事还毫无把握的时候，就去贸然地莽撞为之。何况他还有在魏国求仕不得的教训在先，他需要先了解他要投奔与依靠的主君的真实心态、性情及其他方方面面的事情。

第二，尽管当时秦孝公求贤若渴，但对于人地两生的商鞅来说，找一个国君信任的人推荐，或许比自己直接求见会更加合情合理与稳妥一些。

第三，商鞅虽然建功心切，但他在魏国怀才不遇的挫折经历，不能不在他的心头留有很重的阴影，使他需要把自己即将拿出的治国方案与计划考虑得更加审慎与合理一点，以求这次努力只能成功，不能失败。

第四，景监是位名字叫作景的宦者，他性情爽朗而好客，当时正深得秦孝公的信任，朝夕伴在孝公的身边。先投在景监的门下，取得景监的信任与赏识，并通过景监全面深入地摸透秦孝公的脾气与心性。待时机成熟后，再由景监安排推荐给秦孝公，这样自然就会更加稳妥，成功的概率也会增大。

后来的事实发展表明，商鞅的这一思路是正确的，他与秦孝公的会晤一开始并不顺利。正是在景监不辞怨劳地再三举荐下，秦孝公才耐住性子先后数次召见商鞅，从而给商鞅向秦孝公彻底表明自己的政治主张，提供了一个稳健的通道。而这一切效果，在魏国时，商鞅就无法通过公叔痤与魏惠王来达到。

商鞅是如何取得景监的信任与赏识，从而使景监甘愿做伯乐，在秦孝公三番五次的责骂下仍然对推荐商鞅坚定不移呢？目前为止，没有找到更详细的历史记载。但可以肯定，商鞅是用他的雄才大略与办事能力征服了景监，从而使他愿意全心全意、尽心尽力、耐心地向秦孝公反复举荐商鞅的。由此推理，景监也绝不是一个简单的人物。从他获得一代雄主秦孝公推心置腹的信任以及对商鞅的态度与行为来看，应该认定他是一位聪明、豁达、善解人意并且胸有大志、有见识的人物。否则的话，作为一个衣食无忧、得到君王宠信的宦官，根本没有必要招揽笼络宾客与天下的英雄，也不敢三番五次去顶风冒险地推荐商鞅。这样看来，在秦国的帝业构建历史上，在商鞅变法这一决定秦国，甚而决定与影响了后来华夏历史的重大事件上，景监都不是一个可有可无的人物。是他促成了急欲有所作为的秦孝公与商鞅二人的千古遇合，成就了中国历史上的一次重大的制度创新，也因此奠定了秦国政治的规模与发展的走向，甚至影响了中国的历史进程。正是从这个意义上说，景监能被正史列载，千古传颂而不朽，并不意外。

经过充分的准备与计划，在景监的引荐下，商鞅终于见到了秦孝公。

三、君臣磨合

司马迁在《史记》中记载，商鞅与秦孝公的初步磨合，就经历了四次反复的过程。

第一次，商鞅大讲"帝道"，用传说中的三皇五帝的治理之道来游说秦孝公。"帝道"，是属于道家学派的一种政治学说。商鞅讲得津津有味，秦孝公却听得昏昏欲睡，似懂非懂。伏羲、神农、黄帝、尧、舜的理想世道虽好，怎奈都是一些传说与过时的东西。这种方案作为一种美好的政治理想，带给人们向往未尝不可，但对于当时秦国积贫积弱、刀光剑影、一直遭到六国鄙视的现状，与秦孝公的政治目标的距离差得实在太远。显然，新即位的国君听不进这些空洞且无法实现的东西。但是，思贤若渴的秦孝公还是耐着性子让商鞅讲完了他的"帝道"高论。事后，秦孝公大怒，责备景监："你介绍的这位客人，狂妄得很，哪能重用呢？"

景监回府后也责备商鞅，但商鞅却似乎成竹在胸，他告诉景监："我这次进说的是帝道方案，国君志向不在这里。您再劳驾给予引见，最后必然能够成功。"好在景监已经认识到了商鞅的才能智慧，答应继续为他引荐。

五天后，秦孝公第二次面试商鞅。这一次，商鞅带去的是"王道"的方案。他希望用大禹、商汤、周文王、周武王的事业去打动秦孝公。商鞅谈得比上次还起劲，但仍然没有合乎秦孝公的意愿。三王事业对秦孝公来说，不过是天边一片绚烂的云霞，虽然美丽炫目但只能是画饼充饥、热量不足。

事后，推荐商鞅的景监又挨了秦孝公的一通臭骂。景监回府后又去埋怨商鞅。商鞅不急不慢，等待景监消了气后说道："这一次，我给国君讲了三王的道理，可他还是听不进去，不过，我现在已经知道了国君想要做的事业，还请您设法让他再召见我一次，这次保准不会再让您失望。"

这样，又过了五天，在景监的不懈努力下，秦孝公第三次召见了商鞅。

这一次，商鞅给秦孝公带去的是"霸道"的方案。他认真、详细地为秦孝公说明了这一方案的可行性及可能给秦国带来的富强的前景。他用春秋五霸（齐桓公、宋襄公、晋文公、秦穆公、楚庄王）的事业来劝说秦孝公这位年轻的君王，显然起到了效果。秦孝公不但听了进去，而且显示出了很感兴趣的样子，但并没有表示出要采纳的意思。商鞅见目的已经达到，便适可而止，及时告辞。

商鞅走后，秦孝公对景监说："你这位客人不错，应该跟他好好谈谈。"他让景监第二天再把商鞅带来。

但是，商鞅却坚持五天后再去见秦孝公，这自有他的理由：

第一，三次的召见与交谈，商鞅把他已经准备好的三套方案全部贡献了出来。虽然秦孝公表现出了对商鞅第三套霸道方案的兴趣。但对于商鞅来说，尚需花费时间针对秦孝公的意思进一步深入、量化、系统与完善。

第二，在三次会谈过程中，商鞅充分展示了他丰富博学的见识，其才能与多种治国方案已经表现给了秦孝公。商鞅与秦孝公在三次面谈中逐渐找到了双方的契合点，得到重用只不过是个迟早的事情，俗话说，心急吃不了热豆腐，因此，商鞅倒显得不那么急切了。

第三，秦孝公虽然表现出了对商鞅"霸道"方案的兴趣，但接受与消化显然也还需要时间与一个过程。

第四，能给商鞅三次展现的机会，让他充分表明出自己的治国方案，说明秦孝公是一个求才若渴且极富于耐心的人物。一个刚刚过二十岁的年轻君主有如此的定力，商鞅认为这是自己的机会。因此，在商鞅看来，迟延四天后二人再谈，只能让君臣二人准备得更加充分。

第五，也许在商鞅看来，"姜太公钓鱼——愿者上钩"。既然自己的政治才能已经初步显露，不急于求见，很可能是一种以退为进的更好的策略与技巧。这样也许能表明自己并不是热衷做官，而是想在秦国帮国君实现复兴大业。

总之，对于秦孝公十分了解的景监，经过慎重的思考，也同意了商鞅的意见。

接下来的五天时间，秦孝公与商鞅一个心情迫切，在急于等待见面。一个是在三次试探的基础上正在准备更加妥帖的说案。这五天，对于君臣二人来说，一个感到日子过得太慢，一个觉得时间消逝得太快。

转眼又到了见面的日子，商鞅将他充分准备的政治方案一件一件仔细地讲给秦孝公听。君臣二人彼此问答，相见恨晚。两人越谈越投机，秦孝公甚至忘记了君臣的礼节，不知不觉地凑近了商鞅。一连三日三夜，二人都还没有谈够，好像是久别重逢的朋友，总有说不完的话。

后来，景监问商鞅："你用什么打动了君主？君主的高兴，那是到了极点。"

商鞅回答："我用成就帝王事业的道理劝说君主，劝他同夏、商、周三代相比，而他说：'太久远了，我不能等，而且贤明的君主都希望自己在世的时候就能扬名天下，哪能郁郁不欢地等待几十年、几百年后才成就帝王之业呢？'所以我用使国家强盛的方法劝说他，他就大大地喜欢了。不过，用这种方案治国，很难达到殷、周两代统一天下那样大的功德。"

事实证明，秦孝公与商鞅二人的君臣磨合注定是一个足以彪炳青史、传颂万世的重大历史事件。秦孝公具有胸襟阔大、志向高远、极富耐心、勇于做事的领袖素质，使他能够像先祖秦穆公一样，做出惊天动地的事业来。商鞅具有的善于规划、长于管理、意志坚定、手段强硬、决策与执行二者兼备的管理者素质，也足以让他帮助秦孝公去完成复兴秦穆公事业的宏大心愿。

世有伯乐，然后有千里马。千里马常有而伯乐不常有。

秦孝公与商鞅二人的遇合事实表明，秦孝公可谓商鞅的慧眼识人才的伯乐，商鞅也无愧于秦孝公选中与赏识的一匹真正的千里驹。没有秦孝公的富强愿望与变法决心，就不会有后来载之正册、名誉后世的商鞅变法。魏国的魏惠王也有称霸的野心，也在招贤纳士，但由于胸襟与眼光的限制，他只能接受像公叔痤、庞涓这样的二流人才，真正一流人才如商鞅、孙膑等人都先后被他当作草芥，从眼皮底下丢弃了出去。一句话，没有秦孝公的赏识与信任，就不会有商鞅在秦国的变法与成功，这是一个不可更改的因果关系。今天，我们在追念商鞅这位大政治家的业绩时，也不能忘记发现并给予他这个千载难逢的政治大舞台的伟大君主——秦孝公。

四、变革前的争论

风雨欲来风满楼。

虽然，商鞅揣摩出了秦孝公想要达到的理想层面，秦孝公也知道了商鞅在强国理政上所能达到的高度，然而，商鞅毕竟是外来的宾客，对秦国而言，他拿出的那一套政改理论和方案毕竟都是陌生的，是否能够真正适合秦国的国情，真正达到二人希望的富国强兵的效果，秦孝公的心中并没有定数，秦国上下更是心中无数。

秦孝公君臣产生这个顾虑是正常的，放在谁的身上也都会这么去思考问题。

秦国与山东各国的情况几乎完全不同，起家的资本也不一样，人的思维、办事方式和习俗文化均与中原各国有着很大的差异。

商鞅的"霸道"方案，对于年轻的秦孝公而言，是一个既感到新奇又心中确实没有把握的东西。秦孝公一时下不了决心才符合当时的客观实际情况。

政治变革，必然会触及"变易祖宗家法"，要将秦国政治体制来一次伤筋动骨的手术，必然会触及、伤害到方方面面的利益，尤其是统治阶级高层的既得利益，反对者必定有之，存心阻扰者更会有之，并且，这股反对力量与势力一定十分强大，千万不可小视，弄不好会引起政局的动荡，影响到国家的稳定甚至是王室的安危。

秦孝公既想用商鞅变法，又"恐天下议己"，造成对自己统治的不利局面。这种尴尬两难的局面，正是当时秦国实际情况的生动写照。这也从另一方面说明，秦孝公当时还不能完全自由地主宰秦国的政局。

为了让自己筹划得更清楚一点、顾虑更少一点，也为了让秦国政权上层对新政有个心理上的准备，从而减少一点反对声音，经过反复思虑，秦孝公三年（公元前 359 年），秦孝公安排了一场"御前大辩论"，让赞成与反对新政的双方各自摆出自己的理由，既达到"互通声气"，也希望能够达到说服对方的目的。

最终，秦孝公选中了甘龙、杜挚等反对派来与商鞅当堂辩论，商讨是否在秦国实行变法与改制。

这场是否改制的政治大辩论，主要围绕下面几个命题而展开：

第一，先知及后觉之别。商鞅提出了"至德者不和于俗，成大功者不谋于众"①的著名命题。

第二，革新与循古之别。商鞅根据"三代不同礼而王，五霸不同法而霸"②的历史事实，得出了"故知者作法，而愚者制焉"③的结论。

第三，法、礼变否之别。在辩论的过程中，商鞅主张"当时而立法，因事而制礼"④，提出了治国理政要从当时的客观实际出发，具体问题具体分析、具体办理的重要命题。

双方针锋相对，争执不休。

---

① （汉）司马迁：《史记》卷 68《商君列传》，第 2229 页。
② （汉）司马迁：《史记》卷 68《孙子吴起列传》，第 2229 页。
③ 蒋礼鸿撰：《商君书锥指》卷 1《更法第一》，中华书局 1988 年版，第 4 页。
④ 蒋礼鸿撰：《商君书锥指》卷 1《更法第一》，第 5 页。

最后，由秦孝公拍板结论："我听说，荒僻小巷的人少见多怪；头脑顽固的学究喜欢无谓的争论。愚蠢的人高兴的，正是聪明的人感到可怜的；狂妄的人所快乐的，正是贤能的人感到忧虑的。他们说的都拘泥于社会上那种庸俗的议论，现在我不再犹豫了。"

于是，一场史无前例大变革的国策，就这样决定了下来。

今天看来，举办这场大辩论是十分必要的。大辩论固然费神耗时，但是，却解决了许多关键性的问题。

第一，它给保守势力一个良机，让他们公开表白他们的立场与见解。他们在与商鞅的交锋过程中，至少表面上也知道了自己存在的问题，这可以引起他们的反思，从而在一定程度上可能导致一部分保守力量中的明智者改变自己的立场，至少不再明目张胆地阻挠改制与变法。

第二，它给商鞅一个良机，给了他充分展示自己雄辩口才及渊博学识的一个平台，给了他在反对派攻击下进一步完善自己治国理论与实战的机会。在这场以寡敌众的大论战中，商鞅以他雄辩的口才、超俗的见解、无畏的勇气，驳得反对派方面理屈词穷。通过这次大辩论，商鞅以崭新的风貌出现在秦国高层政界，让秦国权要对商鞅初步有了一个认识与了解。对商鞅来说，这次亮相十分重要。也许这正是秦孝公在决心任用他变法前在政坛上先透出的一股强风，好使秦国上下有一个心理上的准备与缓冲的余地。

第三，它给秦孝公一个良机，让他了解了朝臣不同的政治主张与能力风貌，并且解决了他在变法上的种种困惑与顾虑，最终使他下定了变法的决心。要知道，秦孝公虽然想通过改革建立秦国的霸业，但他本身并无中原文化的素养，对商鞅的变法主张也并非一下子就能够做到全盘接受。

因此，对于任何一方而言，这场大辩论都是成功的。

应当看到，推行任何一场新政，必然会触及方方面面的利益，特别是既得利益集团的利益。改革从某种程度上说实际上就是一场权力资源、物质资源、官员社会身份与地位等等的重新分配，守旧势力的反对是必然的事情。因此，秦孝公在发动变法之前，精心设计一场大辩论，向社会各阶层，尤其是保守派人士展开政治宣传，告诉他们国君的想法与举动，使他们从思想到行动上有一个认识与接受的转变过程，以此来减弱新政对秦国政局可能造成的巨大冲击，这是一个必须要做的明智的举动。秦孝公的这一举措，用事实证明了他是一个经验丰富、全局在胸的英明雄主。

通过这场大辩论，秦孝公向社会各阶层发出了一个强烈的信号，告诉他们，一场翻天覆地的改革就要到来，国家领导人将以最坚强的决心及最彻底的措施强力推行。只有认真做好思想准备，认清形势者，才能适应新的环境，否则，政令无情，历史将会把落后者淘汰出局。

不久，秦孝公便任命商鞅为左庶长，让他协助自己，主持秦国的变法大计。

这样，战国历史上最为壮观的一场大变革即将揭开帷幕。

第一章　布局之方
——治理国家从何处入手

　　治理国家从何处入手？关于这个问题，《商君书·更法》开篇就给出了明确的答案。这就是：第一，"虑世事之变"，即综合考虑社会情况的种种变化。第二，"讨正法之本"，即探讨改革旧制与建设国家新制度的根本内容。第三，"求使民之道"，即寻求正确管理与使用民众的有效办法。

一、"虑世事之变"

治国理政，首先应该充分诊断清楚时代脉搏跳动的韵律，通晓世事沧桑的变化。对于战国浩浩荡荡的时代发展潮流，商鞅显然做到了准确的把握，从中梳理出了治乱救衰的方策。

（一）春秋战国时期，礼崩乐坏，天下大乱，战争频繁，民生疾苦，这是商君治理秦国时大的历史背景

1. 礼治遭到冲击，旧有政治秩序亟须更新

周王朝建立时，沿用殷商的政治制度。但是很快，因为纣王之子武庚的叛乱发生，导致这种情况发生了变化。周公平叛后，明白旧有的政治制度已经不能达到维护周王朝统治的目的，于是重新制定了新的分封制度、宗法制度、礼乐制度。周代的"礼"是以封建制度为核心的一系列政治社会制度；"乐"，也与这些制度密切相关。礼乐制度，遂成为周王朝统治秩序的基础。

周代以礼乐制度为特征的政治制度包括的范围主要有：君位的嫡长子继承制、爵与谥的贵族分封制度、官僚制度、法律制度，以及音乐舞蹈的配套规则，等等。西周统治者政治上以"亲亲""尊尊"为基本原则，实行分封制，分封了许多同姓和异姓诸侯，以血缘关系建立起了宗法等级社会；经济上实行井田制，受封的诸侯只是拥有土地的使用权而没有所有权，在名义上土地皆属于周天子所有，正所谓"溥天之

下，莫非王土，率土之滨，莫非王臣"①；在思想文化上，周朝统治者提出"以德配天"，君权神授。经过一系列政治制度上的建设，最终确立了周天子统治天下的权威地位。

历史的车轮进入东周时期，周王室权力与权威开始严重衰落，这使得盛行于西周的宗法、分封与礼乐制度也开始发生动摇和遭到破坏。

第一，周天子分封建国的宗法封建制度开始被诸侯的擅自分封所破坏。

春秋时代的大国诸侯，对周天子的政治经济的独立性都大为增强，一些大国诸侯甚至自己分封了一些在政治、经济和军事上都脱离本国而独立的国家，这些新封国家甚至威胁到公室的安全。

大国诸侯擅自分封新国，是对西周"诸侯不得专封诸侯"制度的破坏。晋封曲沃就是一例。

曲沃对晋来讲虽是小宗，但它从被分封一直到韩、赵、魏三国代晋之前，事实上完全是个独立国家，而不是一般从属于诸侯的大夫之"家"。所以，后来它的势力才能迅速超过晋公室，并迫使周王承认它为诸侯。另外，分封异姓也是不符合西周宗法分封原则的，然而这种情况在春秋也发生了。晋国把耿、魏二地分封给非公族的大夫赵夙和毕万，致使赵

① （清）方玉润撰：：《诗经原始》卷11《小雅·北山》，李先耕点校，中华书局1986年版，第432页。

氏、魏氏从此成为两个依属于晋国的小国国君。晋国在分封异姓以后，宗法制度进一步削弱，且从春秋前期开始就逐渐设立了新型的郡、县制度。

春秋晚期，宗法分封制已呈瓦解之势。

这种瓦解大致呈现出如下三种情况：

第一种情况，李代桃僵。一些受诸侯分封而形成的国家，由于经济、政治实力的逐渐强大，最后篡夺了诸侯国的君位或分割了公室，这是宗法分封制度崩溃的一种。如齐国异姓田氏以大夫之位受封得势以后，在公元前494年田桓杀齐君，至战国前期田氏就代替了齐国。类似的情况在晋国则是韩、赵、魏"三家分晋"。

第二种情况，陪臣执国命。这种情况发生在宗法势力较顽固的鲁、宋等中原国家。主要表现为某些大贵族在宗法势力有所动摇的时候，企图在不动摇宗法贵族根本统治地位的前提下实行改革。但是这种改革是无法挽救宗法制瓦解的。孔子企图帮助鲁君并依靠季孙氏改革的失败就属于这类情况。

第三种情况，霸主与附庸国的出现。一些在西周受封的诸侯国家，春秋时期随着实力的逐渐削弱，而不得不依附于称霸的大国，成为附庸国。例如郑国，在春秋初还是王之卿士，郑庄公几乎称霸中原，但到春秋中叶以后，晋楚争霸中原时，郑在大部分时间内变成了晋的附属国。西周初年最重要封国之一的鲁国，此时也变成了晋国的附属国。①

第二，各诸侯国统治者的道德沦丧。

周礼的破坏还反映在伦理道德的败坏上，最突出的是卫宣公。卫宣公和父亲的姜私通，生下了卫急子，虽然乱了辈次，卫宣公还是很喜欢急子，立他做了世子，还张罗为他娶宣姜为妻。荒唐的是，卫宣公见宣姜长得漂亮，竟然不顾宣姜是自己的儿媳，自己纳为妾受用。宣姜生了寿和朔两个儿子。宣公因为宠爱宣姜，就想废掉急子立寿为世子。可是寿很贤明，他不但不想与兄争位，还替哥哥说好话。卫宣公便让急子出使齐国，暗地派人在半路杀死他。寿知道这件事后，告诉了急子，让急子出逃，而迂腐的急子却不愿逃走。寿为了救急子，用酒把他灌醉，自己出行。急子酒醒后急忙去追弟弟，这时寿已经被杀了。于是急子也自杀身亡。这个时期，伦理败坏的还有齐襄公与妹妹发生乱伦关系、蔡景公与儿媳私通、蔡灵公蔡般杀父亲蔡景公、楚商臣（楚穆王）弑父亲楚成王。至于兄弟为了争夺君位而手足相残的，几乎每个诸侯国都发生过。

第三，各诸侯国统治者对礼乐制度的破坏。

春秋时的礼崩乐坏还体现在礼乐制度的破坏上。鲁国季

---

① 参见晁福林主编:《中国古代史》(上册)，北京师范大学出版社1994年版，第165、166页。

孙氏的"八佾舞于庭"①，就使得孔子感到非常气愤。

周代的礼乐制度包括主要两个方面，一是等级制，一是对雅乐的使用。周朝实行的是分封制，周天子的子弟一般都分到了土地，建立了诸侯国。诸侯在自己的国内又进行分封，把土地分给卿大夫，卿大夫分得的土地叫"采邑"。卿大夫在采邑里也进行分封，把土地分给士，士分得的土地叫"食地"。这就是以宗法制度为核心的分封制。分封形成的等级制也反映在礼乐上，礼乐制严格规定了各个等级阶层应该享受何种礼乐，包括乐舞的名目、乐器品种和数量、乐工的人数等，如超出规定使用就是僭越，是大逆不道的违法行为。对于乐舞，天子可以用"八佾"（佾指乐舞的队列），每佾八人，共64名乐人；诸侯用"六佾"，48名乐人；卿、大夫只能用四佾，32名乐人。鲁国有季、孟、叔三家，世代为卿，权重势大。其中季氏更是突出，几代人都操纵着鲁国政权，就连国君也在他们的掌控之下。季氏曾打败了鲁昭公，使其逃往齐国；也打败了鲁哀公，逼迫其逃往卫国、邹国和越国；到鲁悼公时，国君更是有名无实了。"八佾舞于庭"的季氏，据《左传·昭公二十五年》和《汉书·刘向传》记载，可能是生活在昭公和定公时代的季平子，即季孙如意。他在家里举行宴会时，居然使用天子的八佾之舞来助兴。孔子听说后，

① 程树德撰：《论语集释》卷5《八佾上》，程俊英、蒋见元点校，中华书局1990年版，第136页。

愤怒地说："八佾舞于庭，是可忍也，孰不可忍也！"① 意即如果这件事情能容忍，还有哪件事情不能容忍！

其实，"八佾舞于庭"只是春秋"礼崩乐坏"的一个典型事件，折射出了整个社会礼制崩坏的糟糕情况。在宗法分封制下，周天子既是天下的大宗，掌握祭祀权，又为天下的共主，掌握征伐权，所谓"国之大事，在祀与戎"②，"礼乐征伐自天子出"③，现在这一套政治秩序被打乱了，礼乐征伐由自天子出变为自诸侯出，乃至自大夫出，甚至陪臣执国命。

天下大势，合久必分，分久必合。

如果说，春秋时期，天下由一统走向分裂，由和平走向战乱与兼并；那么，战国时代就是由分裂重新走向统一、由战乱重新走向和平的时代。商鞅显然把握住了时代脉搏的跳动。

2. 井田制遭到破坏，维持贵族世袭制度的经济基础瓦解

井田制是周王朝的经济基础。

周天子把土地划分为"井"字形，把土地和土地上的人口分赐给各级贵族，让他们建立诸侯国，世世代代占有享用。

然而，到了春秋战国时期，铁器的使用和牛耕的出现，提高了生产能力，土地所有制又一次出现新的变化。人们大

---

① 程树德撰：《论语集释》卷 5《八佾上》，第 136 页。

② （清）洪亮吉撰：《春秋左传诂》卷 11《成公·十三年》，中华书局 1987 年版，第 469 页。

③ 程树德撰：《论语集释》卷 33《季氏》，第 1141 页。

量开垦山林、荒地，这些新开垦的土地不属于周天子所有，称为私田。私田的拥有者可以完全占有田里的收获物，并且用来交换。耕种这种田地的收益调动了民众种田的积极性，他们热衷于私田的开垦和耕作，对公田的耕种则没有了兴趣，只是应付了事。于是公田杂草丛生，大量荒芜，井田制遭到破坏。随着"公田"农业生产的逐渐没落，国君、诸侯、卿大夫们的税赋逐渐减少，不能满足奢华生活的开支，他们就开始向私田征税。要征税，首先要承认私田的合法性。于是，各国便纷纷进行税赋制度的改革。

公元前 685 年，管仲在齐国采取"相地而衰征"①法，无论公、私田按土地好坏一律征收贡税，打破了井田制中"公田"和"私田"的界限。

公元前 645 年，晋国"作爰田"，接着"作州兵"②。

公元前 594 年，鲁国实行"初税亩"，即"履亩而税"。不论公田、私田，一律按田亩收税，承认了私田的合法性。前 592 年，鲁国又"作丘甲"，16 井为丘，按丘出军赋，增加了国人的军赋负担。公元前 483 年，鲁季康子"用田赋"③，进一步增加赋税，按田亩缴纳赋税。

---

① （春秋）左丘明撰：《国语》卷 6《齐语》，徐元诰集解，王树民、沈长云点校，中华书局 2002 年版，第 216 页。

② （清）洪亮吉撰：《春秋左传诂》卷 7《僖公·十五年》，第 299 页。

③ （清）洪亮吉撰：《春秋左传诂》卷 3《宣公·十五年》，第 89、872 页。

公元前548年，楚国把土田分为九等，最上等的名为"井衍沃"①，然后按土地面积、质量"量入修赋"，增加了军赋收入。

公元前543年，郑子产实行"田有封洫，庐井有伍"②的改革，把井田上的居民按什伍制编制，以便于"履亩而税"。继而于公元前538年"作丘赋"，与鲁"作丘甲"意义相同。

秦国改革最晚，直至战国的公元前408年才实行类似鲁"初税亩"的"初租禾"，比东方国家迟了一个多世纪。

实行这些赋税改革，各诸侯国统治者虽然在主观上都是为了增加国家收入，但是在客观上也促使了井田制的瓦解和新型土地所有制的发展。春秋及战国初年，井田制的破坏使农民对自耕份地的占有关系加强，出现自耕农小土地所有制；贵族阶级的分化，也使一部分贵族下降为自耕农。战国中后期，军功贵族可以通过赐予和买卖取得土地；同时，商人也通过买卖取得土地，他们和军功贵族一起成为新兴地主。这样，公田制就逐渐走向了衰落和瓦解，新的生产关系确立，这为法家的出现创造了最根本的经济条件。

3. 诸子私学兴起，为法家登上历史舞台提供了思想文化条件

从思想文化方面来看，如果说春秋战国之际的历史任务

---

① （清）洪亮吉撰：《春秋左传诂》卷13《襄公·二十五年》，第580页。

② （清）洪亮吉撰：《春秋左传诂》卷14《襄公·三年》，第629页。

是建构严密完整的政治制度，以适应新的经济秩序要求的话，那么表现在思想文化上的历史课题，就是要给这种新的政治制度提供理论依据，从而建构出任何政治制度都不可缺少的意识形态。因此，与多政的社会现象相适应，思想文化也产生了由官学向私学的分化[①]。

西周时代，文化教育为贵族所垄断。无论中央国学还是地方乡学，均由官府开设，而且学校就设在官府中，教育的特点也是"政教合一"，因而被称作"学在官府"，亦称"官学"。

春秋时代，官学瓦解，文士从贵族中分离而游散于民间。官学的衰落，学术文化的下移，使民间逐渐兴起私人教育，出现"私学"。

春秋战国时期的私学中，著名的教师几乎都是思想家，他们不拘泥于传统，根据自己的学识、意愿，自由安排教育的内容、方式，发表对各种自然和社会现象的不同观点，从而形成了儒、墨、道、法、阴阳、名、纵横、杂家等各种学派。各学派为了探索客观世界的奥妙，表达自己对政治局势的看法，相互竞争，自由论战，以空前的规模和速度，把人们的认识推向了一个新的高度，最终迎来了诸子百家灿烂夺目的文化局面。这种政治与思想活跃的局面，为法家的出现与施展拳脚提供了广阔的思想与文化舞台。

---

① 参见赵小雷著:《"早熟路径"下的法家与先秦诸子》,中国社会科学出版社2010年版,第79页。

（二）秦孝公即位前后，秦国也正面临着内忧外患的困境，这是商君"知世事之变"的现实境况

秦国自厉公以来，内部危机迭出，发展的步伐明显减慢，与正在轰轰烈烈变法改革的中原各国相比，秦国则因宗室贵族力量强大、君位继承权争斗不已等问题，逐渐失去了先辈秦穆公时那样的开拓雄风，退离了当时的"国际政治"大舞台。在那样一个物竞天择、适者生存、征战激烈的年代里，落后本身就意味着挨打甚至灭亡。

自秦躁公即位以后，秦国的宗室贵族操纵了国家的政权，少数庶长甚至可以决定国君的废立，争夺君位的斗争也时有发生，造成了国君更替不迭、君臣乖乱的局面。

秦怀公在位不到4年就被庶长鼂逼死，于是，秦国大臣又立了秦灵公。

秦灵公死后，灵公的叔父又发动宫廷政变，废太子公子连，篡夺了君位，这就是秦简公。公子连被迫在国外流亡了21年。

在秦简公统治时期，秦国经常受到魏国的进攻。结果是丢城失地，被迫放弃了河西。《史记·秦本纪》云："秦以往者数易君，君臣乖乱，故晋复强，夺秦河西地。"政治腐败、经济落后的秦国，已经无法同变法后的魏国相匹敌。面对着这种"国家内忧、未遑外事"[1]的局面，秦国的统治者迫于形势，也开始了社会变革。

---

① （汉）司马迁：《史记》卷5《秦本纪》，第202、204页。

公元前408年，秦简公宣布实行"初租禾"，国家根据土地面积向田主征收租税。尽管这次变革比鲁国实行的"初税亩"晚了近300年，但是，它毕竟标志着秦国土地私有制的合法确立，为秦国生产力的发展提供了充分的基础。

秦简公在位16年卒，其子惠公立，惠公励精图治，收回了南郑等领土。

秦惠公在位13年卒，国内权臣再度发动政变，并结合诸侯的力量攻陷京城，太子及其母后均遇害。早年被废的公子连被拥立，是为秦献公，秦国此时的内乱已经达到了高峰。

公元前385年，秦献公即位。为了改变秦国长期内忧外患、贫弱落后的局面，秦献公决心仿效中原各国，发愤图强，积极进行社会变革。

公元前384年，秦献公宣布"止从死"，废除了在秦国实行了300多年的杀人殉葬制度。

公元前383年，秦献公建都栎阳（今陕西西安阎良区），将政治中心进一步东移，从战略上把秦国的东进事业向前推进了一大步。

公元前379年，秦献公在蒲、蓝田、善名氏等地设县。县是直属于国君的地方行政组织，县令也由国君直接任免。县的增设，有利于实行中央集权，对于加强王权与巩固国防都起到了十分重要的作用。

公元前375年，秦献公又初步制定了户籍制度，把全国人口编入国家户籍，五家编为一伍，称为"户籍相伍"。户籍制度的施行不仅确认了以一家一户为基础的个体封建经济的合法性，破坏了旧有的宗法关系，保障并增加了国家的财政收入，而且大大加强了国君的权力。国君从此不仅直接掌握了全国的劳动人手，而且掌握了征发兵员、组织军队的权力。这样就打击与削弱了宗室贵族的利益，限制了他们的私人武装。

秦献公时期，由于实行了上述改革，秦国宗室贵族和少数庶长操纵国家政权的局面基本结束，秦国也开始逐渐由弱变强，为接下来秦孝公任用商鞅变法打下了良好的基础。

公元前361年，秦孝公即位，时年21岁。

21岁的秦孝公充满着青春、理想、热血与激情。然而，摆在他面前的形势却并不乐观。

一方面，秦献公在临终时留下了遗言：没有收复河西之地是为父的耻辱。他要继任者子继父业，实现强秦的大业。

另一反面，秦国已经在一个相当长的时期内，在内外交困的谷底痛苦地挣扎着。

司马迁说：

> 孝公元年，河山以东强国六，与齐威、楚宣、魏惠、燕悼、韩哀、赵成侯并。淮、泗之间小国十余。楚、魏与秦接界。魏筑长城，自郑滨洛以北，有上郡。楚自汉中，南有巴、黔中。周室微，诸侯力政，争相并，秦僻在雍州，不与中国诸侯之会盟，夷翟遇之。①

---

① （汉）司马迁：《史记》卷5《秦本纪》，第202页。

这就是说，秦孝公即位初期，他所面临的"国际政治"已经是一个全新的局面。东迁后的周王室，已经日渐衰弱形同虚设。黄河及太行山脉以东、长江流域，六国争雄的政治格局业已形成。夹杂在其间的，还有淮水及泗水间的 10 余个不足道的小国。秦国南毗楚国，东邻魏国，又受到中原各国的轻视，在大国竞争中处于十分不利的地位。

正是在这样的情况下，风华正茂的秦孝公在秦民族复兴的呐喊声中，登上了秦国的政治舞台。

成为秦国国君的秦孝公，其心情与其说是兴奋，倒不如说是激愤。

秦孝公回顾了先祖秦穆公的历史功绩，总结了秦国强弱兴衰的经验教训，肯定了先父秦献公勇于变革、收复失地的雄心壮志，吸取了献公改革过程中暴露出来的错误与教训。

秦孝公认为，战国以来，秦国内忧外患，各诸侯国瞧不起秦国，这是莫大的耻辱。每当他想到秦献公的遗志还没有实现时，便非常痛心。为了完成父亲的未竟之业，秦孝公一即位就马上颁布了招贤令，号召群臣宾客献计献策，只要能使秦国富强，便赏给他高官，封给他土地。

从《史记·秦本纪》记载的这篇招贤令中可以看出，秦孝公最为关心的还是王权的重建以及"东伐，复穆公之故地"等问题。他认为朝纲不振是秦国国势衰退，被各国轻视的主要原因。为此，秦孝公要以秦穆公为榜样，进一步强化王室的权威，变法革新，决心为秦国开创一个新的辉煌时代。

与发布招贤令相前后，秦孝公已经开始了他的实际行动。

首先，秦孝公在国内"布惠，振孤寡，招战士，明功赏"[①]。

接着，出兵东围陕城，西斩戎之獂王。

正是在秦孝公这种急于富国强兵意向的感召下，商鞅来到了秦国。从此，他的命运与秦国复兴的事业高度结合，他在秦国的改革也揭开了战国时代国家新格局的帷幕。

二、"讨正法之本"

治理国家，在形成重大决策前，统治者需要集思广益，谨慎探讨并最终形成国家治理的正确路径、模式、方法等。

秦孝公在接受商鞅的"霸道"方案后，集中朝臣对此进行了讨论与决策。

《商君书·更法》详细记载了这场大辩论的过程：

秦孝公说："我既然是国君，就应该以国家为重，这是做国君的本分。现在我很想变法图强，改变统治方法，但是又担心天下人议论我，而最终达不到目的。"

针对秦孝公的发问与顾虑，商鞅首先发言回答道："行动犹豫不决，就不会有所成就；办事疑神疑鬼，就难以取得成功。您应当下定变法的决心，而不要去顾虑天下人的议论。

---

① （汉）司马迁：《史记》卷5《秦本纪》，第202页。

况且有非凡作为的人，本来就容易受到世俗的非难；有独到见解的人，往往会被人诋毁。俗话说，愚笨的人，对已经做过的事情还不明白为什么那样做。聪明的人，在事前就知道怎样才能把事情办好。在新事业开始时不能同俗人（平常人）去商讨创新的大事，只能让他们去坐享其成。因此，'论至德者不和于俗，成大功者不谋于众。'只要能使国家富强，就不必沿袭旧制度；只要有利于民，就不必遵守老规矩。"

在这里，商鞅针对秦孝公既想变法图强又举棋不定的矛盾心理，热情地鼓励秦孝公要当机立断，不能顾虑太多。同时，商鞅也提出了一个重要的见解，这就是：治理国家要从实际出发，只要能强国利民，就不必因循守旧。

商鞅的观点，得到了秦孝公的认可，曰："善。"

但是，商鞅一系列改革政治的观点，引起了甘龙、杜挚等秦国高层守旧势力的强烈不满。

甘龙首先跳出来反对变法。

他否定商鞅的变法论点，引经据典地进行辩驳："圣人只能在不改变民众习惯的前提下，去进行统治；智者只能在不变更现有制度的情况下，来治理国家。他们因循民众的习惯去进行教化，不用费力就可以成功；沿袭旧法度而治理国家的，官吏们熟悉而民众也安心。现在如果变法不按秦国的传统办事，天下人肯定要议论国君，这股力量不能轻视，还是希望国君郑重考虑一下吧！"

对此，商鞅针锋相对。

　　他认为甘龙之论是"世俗之言"。平常人安于老习惯，学究们迷恋自己听熟的老一套，让这两种人挂个官名、保守旧法度是可以的，但不能同他们讨论打破常规的事情。夏、商、周三代制度各不一样，却都成就了霸业。智者勇于创立新法，愚者只能受到旧法的制约；贤者敢于变更礼制，不肖者只能因循守旧。受旧礼约束顽固的人，是不值得同他们商量大事的；受旧法制约的人，是不配同他们讨论变革的。主公再不要受他们困惑了。

　　杜挚实在忍受不住了，他站起来大声说道："我听说，没有百倍的好处，不可以变法，没有十倍的功效，不能够改换祖先的器物。我还听说过：遵循古法不会有过错，依照旧礼不会出现偏差。请主公三思。"

　　商鞅立刻反击道："前代的礼教各不相同，你究竟效法哪一个朝代呢？各代帝王的礼制并不一样，你究竟遵循哪一个帝王的旧礼呢？"

　　商鞅认为，历来治国者都是适应各自时代的需要来创立法度、根据实际情况来制作礼教的。"礼"与"法"，总是因时、因地、因环境变化而变化的。时代变化了，社会发展了，"礼"与"法"也必然要随着发生变化，从来没有一成不变的东西。据此，商鞅提出了自己变法的理论根据："治世不一道，便国不法古。"① 意思很明显，治理国家没有一成不变的

---

① （汉）司马迁：《史记》卷68《商君列传》，第2229页。

办法，只要有利于国家，就不应该一味地效法古代。

商鞅还从历史上寻求变法的根据。他认为，商汤、周武王并没有恪守古制，商、周却能兴旺发达，夺得天下。而由他们一手创建的商、周二朝，最后之所以灭亡，正是因为不能因时、因地、因环境的变化而进行变革。因此，他请求秦孝公，不要去听信杜挚等人的迂腐因循之论。

经过谨慎的思考，秦孝公最终决定采用商鞅的"正法之本"，并且下达了《垦草令》。

三、"求使民之道"

国家治理的核心是对民众的治理。

政治家必须清楚地知道民众的本性，因为国家治理的核心主体就是民众。不理解民众，就无法治国。民众问题处理得当与否，直接关系国家的兴亡。在这一方面，商鞅亦有自己独特的治理之道与举措，例如他说：

> 主操名利之柄而能致功名者，数也。圣人审权以操柄，审数以使民。[1]

---

[1] 蒋礼鸿撰：《商君书锥指》卷2《算地第六》，第47页。

商鞅的"求使民之道"集中表现以下几个方面：

第一，民众是治理国家的主体与胜利之本。离开了民众的拥护与支持，什么事情都干不成。

第二，"使民之道"是一种统治策略，更是一种治国的手段。

第三，这种统治策略就是"主操名利之柄而能致功名者"。

第四，"使民之道"就是对内使民众致力于农耕，对外使民众致力于拓疆开土。

第五，治理国家一定要对民众获取名利的途径加以审察并正确地管理。

关于商鞅治理民众之道，因为后面设有专章进行论述，此不赘述。这里需要说明一点的是，"使民之道"决定着国家治理的成败，甚至决定着统治者的命运，是国家治理中不可或缺的一部分治国理政者一定要对此引起足够的重视。

第二章　影响因子

——制约国家治理的三个要素

治理国家，有成功者，也有失败者。但大凡成功地实现国家治理使命的统治者，无不具有如下核心特征：高瞻远瞩，眼光长远；精通古今得失兴亡之理；"不法古""不循今"；制定政策与措施务求切实可行；对民众的利益与心理需求有着准确的把握；动员、组织、集中、使用、管理民众依靠法度与政府公信力；建设强大巩固的政府；统治者拥有无可挑战的威信与令行禁止的权力。

一、"法宜其时则治，事适其务故有功"

商鞅治理秦国的依恃，一是站在历史进化的理论基础之上；二是遵循当时秦国的客观实际情况；三是对民众与君主之间的关系有着深刻的理解与准确的把握。

商鞅对中国政治思想史的重要贡献之一，就是他提出了历史进化的理论。他第一次用分期的方法分析了历史的变化发展过程，并得出了"今胜于昔"之社会进化论的结论。

商鞅认为，自从人类社会产生以后，人类的发展经历了四个阶段："上世""中世""下世"与"当今世"。《商君书·开塞》篇说：

> 天地设而民生之。当此之时也，民知其母而不知其父，其道亲亲而爱私。亲亲则别，爱私则险。民众，而以别、险为务，则民乱。当此时也，民务胜而力征。务胜则争，力征则讼，讼而无正，则莫得其性也。故贤者立中正，设无私，而民说仁。当此时也，亲亲废，上贤立矣。凡仁者以爱利为务，而贤者以相出为道。民众而无制，久而相出为道，则有乱。故圣人承之，作为土地、货财、男女之分。分定而无制，不可，故立禁；禁立而莫之司，不可，故立官；官设而莫之一，不可，故立君。既立君，则上贤废而贵贵立矣。然则上世亲亲而爱私，中世上贤而说仁，下世贵贵而尊官。上贤者以道相出也，而立君者使贤无用也。亲亲者以私为道也，而中正者使私无行也。此三者非事相反也，民道弊而所

重易也，世事变而行道异也。故曰：王道有绳。[①]

商鞅认为，天地开辟以后，人类社会就产生了。当此之时，人们只知道自己的母亲而不知道自己的父亲，他们的道德原则是亲近亲人而酷爱私利。亲近亲人，就会区别亲疏；酷爱私利，就会薄待别人。随着人口的增多、争夺生存资源的艰难，人们再拿区别亲疏、薄待别人作为自己的事务，于是社会就乱起来了。在此之时，人们都致力于压服对方并竭力去争夺财物。致力于压服对方，就会发生争斗；竭力去争夺财物，就会发生争吵；争吵而没有标准加以处理，那么稳定的社会秩序就无法维持。在这种情况下，圣贤就确立了中正的原则，提倡无私、仁爱的道德准则。如此，亲近亲人的原则被废弃，而尊重崇拜贤人的准则就被树立。但是当此之时百姓众多而没有个制度章法，长期把推举别人作为处世的原则，社会正常秩序仍未能建立起来。于是，圣人承其余绪，规定了土地、财物、男女的名分。名分确定了而没有制度，是不行的，所以建立了法律禁令；法律禁令建立了而没有人去掌管它，也是不行的，所以设置了官吏；官吏设置了而没有人去统一管理他们也是不行的，所以设立了国君。既然设立了国君，那么尊重贤人的思想就被废弃了，而崇拜权贵的思想就被树立起来了。这样看来，上古时代人们的思想是亲近亲人

---

① 蒋礼鸿撰：《商君书锥指》卷 2《开塞第七》，第 50—53 页。

而酷爱私利，中古时代人们的思想是尊重贤人而喜欢仁爱，近古时代人们的思想是崇拜权贵而尊敬官吏。尊重贤人的时代人们所奉行的原则是推举别人，而拥立国君的时代人们却使尊重贤人的原则不适用了。亲近亲人的时代人们把自私自利作为社会原则，而奉行公正原则的时代自私自利的原则就无法通行了；这三个时代的情况，并不是故意在做彼此相反的事情，而是人们原来所遵循的原则行不通了。社会的情况变化了，人们奉行的原则也就要相应地进行调整。因此说，统治天下的原则不是一成不变的，但又是有规律可循的。

概括言之，上述这段史料集中说明了商鞅的历史进化论观点：生民之始及其以后一个相当长的时期叫作"上世"。"上世"的特点是"民知其母，而不知其父"，这种说法类似今天所说的母系社会。这个时期人们的互相关系是"亲亲而爱私"。继"上世"而来的叫"中世"。"中世"是对"上世"的否定，"亲亲废，上贤立矣"。"中世"的特点是"上贤而说仁"。继"中世"的是"下世"。"下世"有了私有、君主、国家、刑法，用今天的说法，人类进入了阶级社会。"下世"的特点是"贵贵而尊官"。与下世衔接的是当今，当今是一个角逐力量的时代，"上古竞于道德，中世逐于智谋，当今争于气力"[1]，决定这个社会发展的是"力"原则。

---

① （清）王先慎撰：《韩非子集解》卷19《五蠹》，钟哲点校，中华书局1998年版，第446页。

商鞅的过人之处是他提出了历史演进的原因不在于人类社会外部，而在于人类社会内部矛盾的运动所导致，即个人与社会的互动、财产利益的分配、权力斗争等矛盾运动所支配。"上世"的"亲亲爱私"，便蕴含着矛盾。"亲亲"引出了"别"，造成了近疏之分；"爱私"引出了"险"（奸险），造成互相嫉妒猜疑。再加上人口的增多，生存空间的压缩，更加重了社会矛盾，"民众，而以别险为务，则民乱"。在一片混乱中，人们都设法战胜对方，拼命争夺私利。在这种情况下，秩序崩坏，天下大乱，人们正常的欲望要求都无法保证。这就是上文中所说的"民务胜而力征。务胜则争，力征则讼。讼而无正，则莫得其性也"。这个时期矛盾的特点是亲族与社会的矛盾。人类社会既然已经诞生，就会存在保障它生存与前进的法则。在矛盾斗争中，产生了解决的办法，出现了"贤者"。贤者树立了公正的准则，即"立中正"，并用"中正"抑制人们的自私行为。贤者的改造取得了成效，人们抛弃了"爱私"而"说仁"，社会得到了安定。但是问题没有到此终结，随着新的矛盾的积累与发展，"贤者"社会也出现了问题。那些"贤者""仁者"之间互相争高，一个个"爱利为务"，"相出为道"。结果，道高一尺、魔高一丈，你争我斗，无休无止，又让社会出现了混乱无序的状态。不过，人类有着自我拯救的天然本领，又从纷乱中理出了头绪。时代的要求造就了新"圣人"。"圣人"把定制度作为己任。首先"作为（划定）土地、货财，男女之分"。为了保证"分"，于是"立禁"，设立制度。

有制度必须有人负责执行，于是"立官"。有官而无一统，仍将陷于乱，于是又"立君"。由于君与官具有指挥权，所以社会风气又为之一变，"贵贵而尊官"。"当今"礼崩乐坏，战争频繁，实力就成为决定社会的力量。总之在商鞅看来，历史所以世相更替，都是由于个人与社会、财产的分配、权力斗争、阶级斗争等矛盾引起的。

　　商鞅对历史的进化还有另一种分析方法，他以人物为代表把历史分为三世："昊英之世""神农之世""黄帝之世"。《商君书·画策》说：

　　　　昔者昊英之世，以伐木杀兽，人民少而木兽多。黄帝之世，不麛不卵，官无供备之民，死不得用椁。事不同，皆王者，时异也。神农之世，男耕而食，妇织而衣；刑政不用而治，甲兵不起而王。神农既没，以强胜弱，以众暴寡，故黄帝作为君臣上下之义、父子兄弟之礼、夫妇妃匹之合，内行刀锯，外用甲兵。故时变也。由此观之，神农非高于黄帝也，然其名尊者，以适于时也。故以战去战，虽战可也；以杀去杀，虽杀可也；以刑去刑，虽重刑可也。①

　　商鞅认为，从前昊英统治的时候，让人们砍伐树木、捕杀野兽，因为那时人口少而树木、野兽多。黄帝统治的时候，因为人口增多，生存资源开始缺乏，于是黄帝就制定法令来限

----

① 蒋礼鸿撰：《商君书锥指》卷4《画策第十八》，第106—107页。

制人们的浪费，不准捕杀幼兽，不准取食鸟蛋，官吏不准有供使唤的仆人，死了也不准用椁埋葬。昊英、黄帝的统治手段虽然不一样，但都能称王天下，是因为时代不同的缘故。神农统治天下的时候，男人耕种而使大家有饭吃，妇女纺织而使大家有衣穿；不使用刑法政令就能把社会治理好；不动用军队就能称王天下。神农死了以后，人们依靠自己的强大来欺凌弱小的部族，依靠自己人多来残害人少的部族，所以黄帝制定了君臣上下级之间的道德规范、父子兄弟之间的礼节、夫妻配偶之间的结合原则，对内使用刑罚，对外使用武力，这也是因为时代变化的结果。由此看来，神农并不比黄帝道德高尚，但他的名望却很高，只不过是因为他适应了时势啊。所以现在用战争来消灭战争，即使进行战争也是可以的；用杀人来消除杀人，即使杀人也是可以的；用刑罚来除去刑罚，即使加重刑罚也是可以的。

正是基于这样的历史判断，商鞅在治理国家时"不法古，不循今"，将眼光聚焦于现实的国家富强与未来的天下统一，"当时而立法，度务而制事"[1]，而不是复古与拘泥于旧有之教条，真正将"法宜其时，则治；事适其务，故有功"[2]作为其变法改革的方法与原则来执行。

---

① 蒋礼鸿撰：《商君书锥指》卷1《更法第一》，第5页。
② 蒋礼鸿撰：《商君书锥指》卷5《六法》，第147页。

二、"民，生则计利，死则虑名"

商鞅主张人性好利说。

《商君书·算地》说：

> 民之性：饥而求食，劳而求佚，苦则索乐，辱则求荣，
> 此民之情也。民之求利，失礼之法；求名，失性之常。奚以论
> 其然也？今夫盗贼上犯君上之所禁，而下失臣民之礼，故名
> 辱而身危，犹不止者，利也。其上世之士，衣不煖肤，食不
> 满肠，苦其志意，劳其四肢，伤其五脏，而益裕广耳，非性
> 之常也，而为之者，名也。故曰：名利之所凑，则民道之。①

人的本性，饥饿了就会谋求食物，劳累了就会追求闲适，
痛苦时就会寻求快乐，屈辱时就会渴求荣誉，这都是人之常
情。民众追求利益的时候，往往会不顾礼制的规定；追求名声
的时候，往往会丧失人性的常规。凭什么断言他们是这样的
呢？现在那些小偷强盗对上违犯君主的禁令，在下丧失臣民
的礼义，所以名声可耻而生命危险，但他们还不肯罢休，这
是为了利啊。那些古代的读书人，穿衣服不求暖和皮肤，吃
东西不求填满肠胃，还折磨自己的意志，劳累自己的四肢，
损伤自己的五脏，然而却更加显得胸怀宽广、满不在乎，这

---

① 蒋礼鸿撰：《商君书锥指》卷2《算地第六》，第45页。

并不是人性的常规，他们这样做，是为了得到"名"。所以说：追逐名利是人们的天性，名、利聚集的地方，民众就会围着它转。

《商君书·赏刑》将问题讲得更是清楚：

> 民之欲富贵也，共阖棺而后止。[①]

追名逐利，贯穿人的一生，只有死去之后，才会停止对名利的追求。

商鞅还具体分析了人们追求名利的具体内容，泛而言之就是爵禄，具体而论便是土地与住宅。

《商君书·徕民》说：

> 意民之情，其所欲者田宅也。[②]

这种说法是十分中肯，商鞅还真是看透了常人的本性。

因为人性生来好利贪名，在治国理政方面，商鞅提出了"利导""使用"的办法。

《商君书·算地》说：

> 主操名利之柄而能致功名者，数也。圣人审权以操柄，审数以使民。数者，臣主之术，而国之要也。故万乘失数而

---

① 蒋礼鸿撰：《商君书锥指》卷4《赏刑第十七》，第105页。
② 蒋礼鸿撰：《商君书锥指》卷4《徕民第十五》，第89页。

不危、臣主失术而不乱者，未之有也。今世主欲辟地治民而不审数，臣欲尽其事而不立术，故国有不服之民，主有不令之臣。故圣人之为国也，入令民以属农，出令民以计战。夫农，民之所苦；而战，民之所危也。犯其所苦、行其所危者，计也。故民生则计利，死则虑名。名利之所出，不可不审也。利出于地，则民尽力；名出于战，则民致死。入使民尽力，则草不荒；出使民致死，则胜敌。胜敌而草不荒，富强之功可坐而致也。[①]

商鞅认为，统治者治国理政的凭仗，是君主掌握了能够满足人们得到名利的权力，而能否将这种权力合适到位地运用是统治者治理成败的重要条件。让民众取得功业和名声，要靠统治者的政策与策略。圣明的君主搞清楚了权力的情况再来掌握权力，搞清楚了统治策略再来役使民众。所谓统治策略，是君主的一种手段，也是治国理政的关键。所以，拥有万辆兵车的大国失去了统治策略而不危险、君主失去了统治手段而不混乱的情况，自古及今还从来没有见到过。当今很多国家的君主想要开辟土地、统治民众而不搞清楚统治策略；想要臣僚们尽力做好他们的本职工作却不建立一套有效的管理方法，因此国家有不服从统治的民众，君主有不能使唤的臣僚。英明君主治理国家的关键，对内使民众归附农业，对

外使民众英勇作战。务农，是人们心目中很艰苦的事情；而作战，是人们心目中很危险的事情。人们干自己认为是艰苦的事情、做自己认为是危险的事情，这是出于一种得失盘算在里面。人们活着的时候，就要盘算怎样才能使自己有利；要死了，就会考虑怎样才能使自己有名。因此，治理者对于民众取得名、利的来路，是不能不加审察的。利益来源于土地，那么人们就会尽力耕种土地；名声产生于战争，那么人们就会在前线拼死作战。对内使民众尽力耕种土地，那么荒地就会开垦出来；对外使民众拼死作战，那就能战胜敌国的挑衅。能战胜敌人而荒地又不荒芜，那么国富兵强的目标就可以顺利地实现了。

应该说，商鞅将准确把握人性深处的需求作为制定法令法律的根据，作为役使民众的工具，还是颇具特色的。人性好利逐名，追求正当的利益是人们前进的动力，统治者如何正确分配利益以调动各阶层人们的积极性来为国家服务，这是治国理政者应该严肃认真对待、正确把握与处理的最大的问题。

三、"国之所以重，主之所以尊者，力也"

商鞅治国，强调"力"的原则。

商鞅是"力"的讴歌者。

对于道家、兵家、法家有着浓厚兴趣的商鞅，从不会把治国理政的希望寄托在儒家的道德伦理的说教上。

事实上，无论是崇尚黄帝之力、老子清净智慧的黄老学派，抑或是重视"法术势"之力的李悝、吴起之徒，都对商鞅的政治思想有着重要的影响。倾终身之力欲打破旧世界、建立一个新世界的商鞅，非常重视"力"在国家治理中的作用，因此，他旗帜鲜明地提出了"国之所以重，主之所以尊者，力也"的著名政治观点。

《商君书·慎法》说：

> 千乘能以守者，自存也；万乘能以战者，自完也；虽桀为主，不肯诎半辞以下其敌。外不能战，内不能守，虽尧为主，不能以不臣谐所谓不若之国。自此观之，国之所以重，主之所以尊者，力也。[①]

一个国家拥有成千上万辆的兵车，这样的国家即使像夏桀那样的君主，也不会向敌人屈服，不会说半句软话。反之，一个国家如果国力贫弱，进不能攻，退不能守，即使有尧那样的贤圣君主，也不能不向敌国屈服。无他，实力决定耳。由此可见，国家之所以有地位，君主之所以受尊重，其凭借的主要还是国家强大的实力。实力是对外提高国家的地位、

---

① 蒋礼鸿撰：《商君书锥指》卷5《慎法第二十五》，第138页。

对内让君主获得尊崇地位的根本。

商鞅接着进一步分析说：

> 于此二者力本，而世主莫能致力者，何也？使民之所苦者无耕，危者无战。二者，孝子难以为其亲，忠臣难以为其君。今欲驱其众民，与之孝子忠臣之所难，臣以为非劫以刑而驱以赏莫可。而今夫世俗治者，莫不释法度而任辩慧，后功力而进仁义，民故不务耕战。彼民不归其力于耕，即食屈于内；不归其节于战，则兵弱于外。入而食屈于内，出而兵弱于外，虽有地万里、带甲百万，与独立平原一贯也。①

然而当今列国并争，没有一个国家能够实力独大、在争夺赛中脱颖而出，这还要从国家治理得失上寻找原因啊！揆诸现实，使民众感到劳苦的事莫过于种田，使民众感到危险的事莫过于打仗。种田、打仗这两件事，就是孝子为了侍奉他们的父母、忠臣为了效忠他们的国君，二者都很难去做。现在国君要驱使自己的民众，把孝子、忠臣也感到畏难的事情交给他们去做，臣认为非用刑罚去逼迫、用奖赏去驱使不可。但是纵观山东六国的统治者，无不抛弃法度而依靠巧辩和智慧来治国，无不轻视功劳和实力而提倡仁义道德，民众因此而不致力于种地与打仗。他们的民众不把自己的力量集

---

① 蒋礼鸿撰：《商君书锥指》卷 5《慎法第二十五》，第 138 页。

中到种地上，那么国内粮食就会缺乏；不把自己的气节归聚集到作战上，那么对外作战兵力就会薄弱。国内粮食缺乏，对外作战兵力薄弱，那么君主即使拥有领土万里、披甲之士百万，实际上还是没有实力在兼并战争中最终胜出啊。

由此可见，商鞅已经深深认识到了民众是胜利之本，政府力量绝不是从天上掉下来的，而是深藏于民众中间，英明的统治者只要认识到了这一点，并且用法度抟聚民力，就会无敌于天下。故《商君书·靳令》说："圣君之治人也，必得其心，故能用力。""其国多力，而天下莫能犯。"[1]《商君书·错法》中也提到，"民力尽而爵随之，功立而赏随之"[2]，君主使用赏罚的目的就在于换取民力，争取民众的支持。换取民力的办法，就是用政权的力量建立法度，用奖善罚恶的手段来取得民众对君主政策的拥护与支持。

王霸之道，《商君书·慎法》对此讲得更是明白彻底：

> 先王能令其民蹈白刃，被矢石。其民之欲为之？非。如学之，所以避害。故吾教令：民之欲利者，非耕不得；避害者，非战不免。境内之民莫不先务耕战，而后得其所乐。故地少粟多，民少兵强。能行二者于境内，则霸王之道毕矣。[3]

---

①　蒋礼鸿撰：《商君书锥指》卷3《靳令第十三》，第138页。

②　蒋礼鸿撰：《商君书锥指》卷3《错法第九》，第65页。

③　蒋礼鸿撰：《商君书锥指》卷5《慎法第二十五》，第139页。

　　总之，进化、利益、实力三者构成了商鞅治国理政的政治理论基础，成为一个有机的结合体。根据现实情况决策，根据民众需要定法，根据国内外形势扩张，实力决定一切，这是商鞅对治国理政的经验的总结，表现出了他高度成熟的政治智慧，值得任何时代治理国家者慎重发掘与认真对待。

第三章 国力在农

——建立强大的农业经济

商鞅治理国家的现实目标是富国强兵，治理路径是农战与法治并重，治理策略是采取利出一孔的手段，将国家资源与力量全部调动到发展农业生产、增强综合国力上面。农业是国民经济的基础。在传统时代，国家的财力、兵源均依赖于农业生产的发展与农民群体的素质及力量的增强。商鞅治国理政的中心思想之一，就是集中力量发展农业经济，使民众专心致力于农事，通过农耕政策来凝聚民心，进而实现秦国的富强。

一、"治国者，能尽地力"

农业是国家最重要的经济基础。

战国时代，根据秦国富强目标的需要，商鞅把发展农业提高到治国理政的首要地位，认为只要使民众致力于务农，最大限度地提高农业生产力，秦国就会"国富而治"。所以，商鞅提出"治国之要"在于"令民归心于农"，"归心于农，则民朴而可正也，纷纷则易使也"[1]等重要治理思想。

商鞅认为，治理国家的要领，在于使民众把心思都集中到务农上。民众把心思都集中到务农上，就会朴实且容易管理，忠厚且容易役使。

商鞅还指出："善为国者，仓廪虽满，不偷于农。"[2]

这就是说，善于治理国家的人，即使粮仓是满满的，对农业生产也一点不能放松。

耕战政策与以法治国，是商鞅治理国家思想中最重要的两大支柱。

《商君书·农战》篇集中反映了商鞅治理国家最基本的思想。《商君书·更法》有"遂出《垦草令》"[3]之语。这个《垦草令》的核心便是《汉书·食货志上》所说的"秦孝公

---

① 蒋礼鸿撰：《商君书锥指》卷1《农战第三》，第25页。
② 蒋礼鸿撰：《商君书锥指》卷1《农战第三》，第20页。
③ 蒋礼鸿撰：《商君书锥指》卷1《更法第一》，第5页。

用商君，坏井田，开阡陌，急耕战之赏，虽非古道，犹以务本之故，倾邻国而雄诸侯"。[1]

从中国古代社会的社会分工来看，无非是士、农、工、商四类，还是《汉书·食货志上》说得明白：

> 是以圣王域民，筑城郭以居之：制庐井以均之：开市肆以通之；设庠序以教之；士、农、工、商，四民有业。学以居位曰士，辟土殖谷曰农，作巧成器曰工，通财鬻货曰商。[2]

四民之中，工匠作为匠户居住在城市，商人居住于市肆，士人亦居住于城郭，只有农民居住于郊野，故城乡户籍的区分，古已有之，而农民是按井田制安置其垦田和庐舍的。对此，《汉书·食货志上》说得比较详细：

> 理民之道，地著为本。故必建步立亩，正其经界。六尺为步，步百为亩，亩百为夫，夫三为屋，屋三为井，井方一里，是为九夫。八家共之，各受私田百亩，公田十亩，是为八百八十亩，余二十亩以为庐舍。出入相友，守望相助，疾病相救，民是以和睦，而教化齐同，力役生产可得而平也。
>
> 民受田：上田夫百亩，中田夫二百亩，下田夫三百亩。岁耕种者为不易上田：休一岁者为一易中田；休二岁者为再

① 《汉书》卷24《食货志》中华书局1962年点校本，第1126页。

② 《汉书》卷24《食货志》，第1117页。

易下田，三岁更耕之，自爱其处。农民户人已受田，其家众男为余夫，亦以口受田如比。[①]

在周代，人口稀少，土地荒芜，井田制是国家土地、财富及其兵员的基本来源。这种分配土地的方法各有定额，有的相当于宅基地和自留田，有的相当于责任田。井田制分配土地的办法着眼于控制人口，也就是让农民居有定所，所以要有井田式的经界，目的是保障公田上的劳役和兵役，士兵亦是从垦田的农民中产生。也就是说，井田制把农民束缚在土地上，以保障税收和兵役的来源。《汉书·刑法志》说：

> 税以足食，赋以足兵。故四井为邑，四邑为丘。丘，十六井也，有戎马一匹，牛三头。四丘为甸。甸，六十四井也，有戎马四匹，兵车一乘，牛十二头，甲士三人，卒七十二人，干戈备具，是谓乘马之法。[②]

从这一段话，我们可以知道在周代是耕战合一、兵农合一的。农民除了税赋以外，最重的负担是兵役。农民服兵役要自备口粮、马匹和器械，尽管这是由若干户共同承担，然而对农民而言，仍然是非常沉重的经济负担。

春秋时期，齐桓公任用管仲为相，对齐国进行大刀阔斧

---

① 《汉书》卷 24《食货志》，第 1119 页。
② 《汉书》卷 24《刑法志》，第 1081 页。

的改革，在土地问题上多少涉及对于井田制的调整。

管仲治理齐国期间，积极鼓励发展农业生产，同时注意减轻民众的负担。在《管子·牧民》篇中，管仲首先便提到"凡有地牧民者务在四时，守在仓廪。国多财则远者来，地辟举则民留处。仓廪实则知礼节，衣食足则知荣辱"[①]。

管仲认为治理国家必须重视农业生产的发展，而发展农业就必须重视土地的开发，只有大量开荒，扩大耕地，增加农业产出和储备，才能富国强兵，吸引更多的人口。在春秋诸侯国相互争霸的时代，人口的多少意味着生产力和财富的多寡，意味着综合国力的强弱，这是当时社会实际情况的真实写照。

管仲十分重视农业生产，将农业生产作为治国理政的基础。

因为事实很清楚，齐桓公之所以能成为春秋五霸之首，完全是建立在齐国军事力量强大基础之上的，而军事实力又是建立在小农经济的基础之上的。管仲采取寓兵于农的办法，农民既是农业生产者也是士兵的来源，因此，强兵的基础就是强农。农民在农忙时忙于农事，农闲时进行军事训练，有战事时外出服兵役，农与战二者紧密相连，军队的士兵是从农民中来的。

在经济改革过程中，管仲首先遇到的是耕地不均和农民负担过重的问题。当时以一家一户为单位的农民除了要到井田上参加集体的无偿劳动以外，还耕种着贵族从井田中分出来的小块土地，负担沉重的贡赋与兵役。国家收赋只根据井田的数量，而不考虑土质的好坏。同时，统治者还经常在农忙时节征发徭役，妨碍了正常农业生产的进行。农民的主要财产家畜也常遭贵族掠夺。由于所受剥削加重，农民无法生活，只好被迫背井离乡，大批迁徙，离开井田到荒野开垦私田，或进入山林水泽去寻觅生计。这种状况严重阻碍了农业生产的发展。

有鉴于此，管仲参照周朝的井田制，恢复并强化了齐国受到破坏的授田制度，采取了"正地"和修治经界等措施。"正地"是把长于、短于、小于、大于百亩授田的边界，按照井田模式纠正过来。修治经界为"三岁修封，五岁修界"，使井田疆界不受破坏。每隔年再"更制"一次，重新划定和分配土地，以保证授田的"平均和调"。为了提高农民的生产积极性，管仲还制定了"相地而衰征"和"赋禄以粟，案田而税"的政策。在此之前，国家向农民征收田赋，对土地肥瘠不加以区别，一律照田亩数征收，农民不堪重负。管仲则认为应当以土地的肥沃贫瘠，分等级征收，并且规定"二岁而税一，上年什取三，中年什取二，下年什取一。岁饥不税。岁饥弛而税"[1]，让农民

---

① 黎翔凤撰：《管子校注》卷7《大匡》，第136页。

依照粮食收成丰歉缴纳赋税，还规定每二年缴纳一次，遇到荒年可以不缴纳。这一改革，较之不论土地肥瘠，也不管年成丰歉，每年必须按田亩数缴纳赋税的办法，农民负担显然要减轻多了。更重要的是，这一新的田赋制度实质上使土地占有者和耕种者之间的关系也发生了变化。收取田赋的已经不再是奴隶主贵族，而成了新兴地主，耕种土地的也已经不再是奴隶，而成了农民或佃农。这和鲁宣公十五年（公元前 594 年）鲁国的"初税亩"，在性质上是相同的。

本来，西周以来诸侯和卿大夫等贵族阶层，都是依照分封的土地或采邑，过着不劳而获的剥削日子，但管仲要求齐桓公给卿大夫等贵族定期发放一定数量的粮食作为俸禄，这样做的结果，实质上就打破了世卿世禄制，那些卿大夫等贵族也就和土地脱了钩，不再是世袭的贵族，而成了新的领取俸禄的国家官僚。虽然这个制度在齐国实行得并不彻底，但客观上对周王朝长期盛行的世卿世禄制毕竟是一次重大的冲击。这项改革前所未有，为战国时期李悝、吴起、商鞅等人的变法开创了先路。《商君书·农战》的中心思想，便是对管仲治理齐国政策的继承与发展，使农民专心于农事以富国，以来强兵达到强国的目标。

不过，商鞅治国与管仲相比，更加强调与重视农战，主张重农抑商，国家将一切力量集中于耕战政策的贯彻与落实。所以商鞅反对空谈，认为空谈误国；反对靡事商贾，主张去消商品经济；鼓励开垦土地，发展农业。以农业为基础，农业发展，兵源也就有了，国家也就强大了，这便是商鞅强大国家的价值观念。正因为如此，他才能提出"国之所以兴者，农战也""国待农战而安，主待农战而尊"①这样重要的治理观点。

商鞅反复强调统治者引导民众专注于农耕的重要性，并为秦孝公提出了相应的治理措施与解决问题的办法：

> 圣人知治国之要，故令民归心于农。归心于农，则民朴而可正也，纷纷则易使也，信可以守战也。壹则少诈而重居，壹则可以赏罚进也，壹则可以外用也。夫民之亲上死制也，以其旦暮从事于农。夫民之不可用也，见言谈游士事君之可以尊身也、商贾之可以富家也、技艺之足以糊口也。民见此三者之便且利也，则必避农。避农，则民轻其居。轻其居，则必不为上守战也。凡治国者，患民之散而不可抟也，是以圣人作壹，抟之也。国作壹一岁者，十岁强；作壹十岁者，百岁强；作壹百岁者，千岁强；千岁强者王。君脩赏罚以辅壹教，是以其教有所常，而政有成也。②

治理国家的要领，就是使民众把心思都集中到务农上。民众把心思都集中到务农上，那就朴实而容易治理，忠厚而容易役使，真诚而可以用来守城攻战。民众专心于农战，那就少有欺诈而看重故居不愿迁徙；民众专心于农战，那就可以用

---

①　蒋礼鸿撰：《商君书锥指》卷1《农战第三》，第20页。
②　蒋礼鸿撰：《商君书锥指》卷1《农战第三》，第26页。

奖赏和刑罚的办法来督促；民众专心于农战，那就可以在对外作战时加以使用。民众之所以能亲附君主而为了法令去牺牲，是因为他们一天到晚都在从事耕作。民众之所以不能够被统治者利用，是因为他们看到巧言善辩的游说之士去侍奉君主便可以得到尊贵的地位、商人经商便可以发家致富、手艺人做手艺便足够养家糊口。民众看到这三种行当既方便又有利，那就一定会逃避务农了。要逃避务农，那么民众就会看轻自己的故居。看轻自己的故居，那就一定不会为君主守城作战。凡是治国的人，都怕民众流离分散而不能集中管理，因此治理者要实行农战政策，就要把民众集中起来务农，把发展农业生产放在国家治理的最重要地位。国家专心于农战一年，就会强盛十年；专心于农战十年，就会强盛一百年；专心于农战一百年，就会强盛一千年；强盛一千年的国家就能称王天下。因此，治国者一定要制定赏罚制度来使民众专心于农战，这样国家才能够治理好。

正是在上述基础上，商鞅作出明确的结论：

> 百人农，一人居者王；十人农，一人居者强；半农半居者危。故治国者，欲民之农也。
> 是以明君修政作壹，去无用，止浮学事淫之民，壹之农，然后国家可富，而民力可抟也。
> 惟圣人之治国作壹、抟之于农而已矣。①

---

① 蒋礼鸿撰：《商君书锥指》卷1《农战第三》，第24页。

一个国家，如果一百人在从事农耕，只有一个人坐食，那么必然能成就王业；十人种田，一人坐食，至少能使国家富强；一半人种田，一半人坐食，那么国家就有危险了。因此，要管理好国家，就要引导民众关注农业生产。明君治理国家的关键在于摒弃那些不切实际的东西，专心致力于农战，这是"国家可富""民力可抟"的重要途径。

二、"地胜其民者，事徕"

由于秦国地广人稀，荒地很多，商鞅也把招徕三晋之民、开垦荒地，作为发展秦国农业生产的重点措施之一。

商鞅治理秦国主张招徕三晋民众开垦秦国的荒地，主要是基于以下几个方面的考虑。

1. 秦国地广人稀，亟须招徕移民开垦

商鞅说：

> 今秦之地，方千里者五，而谷土不能处二，田数不满百万，其薮泽、谿谷、名山、大川之材物货宝，又不尽为用，此人不称土也。①

---

① 蒋礼鸿撰：《商君书锥指》卷4《徕民第十五》，第87页。

现在秦国的土地，有五个一千里见方，但种庄稼的土地还占不到十分之二，井田的数目还不满一百万，而那湖泽、山涧、大山、大河中的资源财宝，又没有被全部利用，这是因为稀少的人口与辽阔的土地不相称啊。

2. 三晋地区人多地少，民众生计艰难

出身于卫国，早年在魏国谋求发展的商鞅，深知三晋地少人多，生计艰难，只要在土地和住宅上给予足够的优惠，就可以取得招徕三晋农民的理想效果。因此，商鞅建议秦孝公采取奖励措施，从秦国以外的三晋地区招徕移民，让他们为秦国开垦与农耕出力，也让更多的秦国本土居民腾出手来成为军人为国家开疆拓土。

商鞅说：

> 秦之所与邻者，三晋也；所欲用兵者，韩、魏也。彼土狭而民众，其宅参居而并处；其寡萌贾息民，上无通名，下无田宅，而恃奸务末作以处；人之复阴阳泽水者过半。此其土之不足以生其民也，似有过秦民之不足以实其土也。意民之情，其所欲者田宅也，而晋之无有也信，秦之有余也必。如此而民不西者，秦士戚而民苦也。[①]

秦国所毗邻的国家，是瓜分晋国而成的韩、赵、魏三国；秦国要用兵攻打的对象，是韩国、魏国。他们土地狭小而人

---

① 蒋礼鸿撰：《商君书锥指》卷 4《徕民第十五》，第 87 页。

口众多，住宅鳞次而栉比，侨民和租房住的百姓，向上不能通报注册自己的姓名，在下又没有田地住宅，而依靠奸诈的职业或经商、做手艺等无关紧要的劳作来维持生活；人们在山北山南和湖泊河流的岸边堤防上挖洞居住的超过了半数。这些国家的土地不够用来供他们的民众生存与富裕的程度，似乎还超过了秦国的民众不够用来住满和利用它的土地的程度。推想民众的愿望，自然是想要得到的是田地住宅，而韩、赵、魏三国因为地少人多而无法满足民众对田地住宅需要。秦国情况正好相反，地多人少，正好能满足民众对田地住宅的要求。在这样的情况下，三晋之民还是不肯向西移民秦国，这就要从秦国政府自身的治理得失寻找原因了。

3. 招徕三晋之民也是削弱敌国的重要举措

《商君书·徕民》指出：

> 今以草茅之地徕三晋之民而使之事本，此其损敌也与战胜同实。而秦得之以为粟，此反行两登之计也。[1]

现在利用没有开垦的土地招徕韩、赵、魏三国的民众而使他们从事农业生产，这种做法给敌人造成的损害和战胜敌人而给敌人造成的损害具有同样的效果，而秦国还可以得到韩、赵、魏三国的民众让他们来生产粮食，这是发展农业生

---

[1] 蒋礼鸿撰：《商君书锥指》卷4《徕民第十五》，第93页。

产与开拓战争都能成全的计策啊。

商鞅说：

> 臣窃以王吏之明为过见。此其所以弱不夺三晋民者，
> 爱爵而重复也。其说曰："三晋之所以弱者，其民务乐而复
> 爵轻也。秦之所以强者，其民务苦而复爵重也。今多爵而久
> 复，是释秦之所以强，而为三晋之所以弱也。"此王吏重爵
> 爱复之说也，而臣窃以为不然。夫所以为苦民而强兵者，将
> 以攻敌而成所欲也。兵法曰："敌弱而兵强。"此言不失吾所
> 以攻，而敌失其所守也。今三晋不胜秦，四世矣。自魏襄以
> 来，野战不胜，守城必拔，小大之战，三晋之所亡于秦者，
> 不可胜数也。若此而不服，秦能取其地，而不能夺其民也。[1]

商鞅对秦孝公说：

秦国过去可以在军事上多次打败三晋的军队，然而却不
能将韩、赵、魏三国的民众争取过来，是由于奖励政策不够
的缘故。其中最主要的是因为吝惜爵位和舍不得免除他们的
赋税徭役。现在秦国的很多官僚认为："韩、赵、魏三国之所
以衰弱，是因为它们的民众追求享乐而免除赋税徭役、取得
爵位都很容易。秦国之所以强盛，是因为它的民众吃苦耐劳
而免除赋税徭役、取得爵位很难。现在如果多给人爵位而又
长期地免除赋税徭役，这就是抛弃了秦国用来取得强盛的办

---

[1] 蒋礼鸿撰：《商君书锥指》卷4《徕民第十五》，第88—89页。

法，而采取了韩、赵、魏三国导致衰弱的办法。"这种既舍不得爵位而又舍不得免除赋税徭役的说法，正是三晋民众无法被秦国招徕役使的原因了。实际上，招徕三晋之民本身就是削弱敌国的方法，因为这样一来既可以削减敌国的农业与赋税收入，同时也可以减少敌国的兵员来源。兵法说："敌国的兵力削弱了，我们的兵力就强大了。"这是说不失去我们进攻的力量，而使敌国失去他们的守卫能力。现在韩、赵、魏三国不能战胜秦国，已经四代了。从魏襄王以来，他们在野外作战不能取胜，守卫城池必然被秦国攻取；大大小小的战役中，韩、赵、魏三国所丢给秦国的东西，不胜枚举。像这样他们仍然没有归服，完全是因为秦国只能夺取他们的土地，而不能夺取他们的民众的原因啊。

4. 增加秦国的军事战争力量

招徕三晋之民垦种秦国土地，可以让秦国民众更多地从土地耕作中解放出来，成为军事力量去进攻敌人，开疆拓土。

《商君书·徕民》篇对此有详细的剖析：

夫秦之所患者，兴兵而伐，则国家贫；安居而农，则敌得休息。此王所不能两成也，故三世战胜，而天下不服。今以故秦事敌，而使新民作本，兵虽百宿于外，竟内不失须臾之时，此富强两成之效也。臣之所谓兵者，非谓悉兴尽起也，论竟内所能给军卒车骑，令故秦兵，新民给刍食。天下有不服之国，则王以此春围其农，夏食其食，秋取其刈，冬陈其宝；以大武摇其本，以广文安其嗣。王行此，十年之内，诸侯将无异民，而王何为爱爵而重复乎？①

秦国所担忧的是，起兵去攻打敌国，那么国家会贫穷；安心务农发展经济，那么敌国就会得到休息，这是不能两全其美的事情。单纯依靠战争并不能完全征服敌人。现在如果用秦国原有的民众去对付敌人，而让新招来的民众从事农业生产，那么军队即使上百天住在国外，国境内也不会错失宝贵的农时，这是富裕和强盛两方面都能成全的功业啊。何况用兵，并不是说把国内的一切人和物全部发动尽数起用，而是要根据国内的能力来提供战士、车辆和马匹，让秦国原有的民众去当兵作战，让新招来的民众供应草料和粮食。只有如此，才能做到农战兼顾，随时随地地用强大的武力去动摇敌国的根本，从而无敌于天下。

正是基于以上的认识，商鞅向秦孝公提出了用奖励政策招徕韩赵魏民众的治理建议：

第一，"地胜其民者，事徕。"② 即根据秦国地广人稀的实际情况，致力于招徕国外的劳动力。

第二，"以故秦事敌，而使新民作本。"③ 即用秦国原有的民众做将士去攻打敌人，而让新招来的民众去从事农业生

---

① 蒋礼鸿撰：《商君书锥指》卷 4《徕民第十五》，第 92 页。
② 蒋礼鸿撰：《商君书锥指》卷 2《算地第六》，第 42 页。
③ 蒋礼鸿撰：《商君书锥指》卷 4《徕民第十五》，第 93 页。

产，以保障农战两不误，从而达到国家富强的理想目标。

商鞅说：

> 今王发明惠：诸侯之士来归义者，今使复之三世，无
> 知军事；秦四竟之内，陵阪丘隰，不起十年征。者于律也，
> 足以造作夫百万。曩者臣言曰："意民之情，其所欲者田宅
> 也，晋之无有也信，秦之有余也必。若此而民不西者，秦
> 士戚而民苦也。"今利其田宅，而复之三世，此必与其所欲
> 而不使行其所恶也。然则山东之民无不西者矣。且直言之
> 谓也，不然。夫实圹什虚，出天宝，而百万事本，其所益多
> 也，岂徒不失其所以攻乎？①

现在君主如果发布明显的优惠政策：凡是诸侯各国的人
士前来归附的，马上就让他们三代免除赋税徭役，不用参加
战争；秦国四面国境之内，凡是山陵、斜坡、丘岗、低湿之
地，免收十年赋税。把这些政策都写进法律，就足够用它来
招致一百万从事劳动的人力了。前面我说过："推想民众的心
情，他们想要得到的是田地住宅，而韩、赵、魏三国不能满
足他们的要求，我们秦国却能做到。像这样的情况而三晋的
民众还是不肯向西流向秦国，就应该从秦国治理政策有缺失
的的地方找原因了。"现在赏给他们田地住宅，而又让他们三
代免除赋税徭役，这就是给予他们想要得到的东西而不叫他

---

① 蒋礼鸿撰：《商君书锥指》卷4《徕民第十五》，第92页。

们去做所厌恶的事情。这样的话，那么三晋之民自然就会蜂拥前来秦国。秦国所得到的好处肯定还不止于上述这样。

为了说服秦孝公下定决心，商鞅还用齐人东郭敞的故事说明秦国应该着眼大处，面向未来的重要性。

《商君书·徕民》中记载了这个故事。

> 齐人有东郭敞者，犹多愿，愿有万金。其徒请赒焉，不与，曰："吾将以求封也。"其徒怒而去之宋。曰："此爱于无也，故不如以先与之有也。"今晋有民，而秦爱其复，此爱非其有以失其有也，岂异东郭敞之爱非其有以亡其徒乎？[①]

齐国人之中有个叫东郭敞的，欲望特别大，希望拥有万镒黄金。他的徒弟向他请求救济，他不给，说："我要拿钱去争取个爵位。"于是，他的徒弟生气地离开了他而到了宋国。人们说："东郭敞爱惜还没有得到的爵位，还不如先拿一些钱给他的徒弟。"现在韩、赵、魏三国有民众，而秦国却还舍不得免除他们的赋税徭役，这是吝惜自己还没有占有的东西以致失去了自己可以占有的东西，它和东郭敞爱惜他还没有得到的东西以致失去了他的徒弟又有什么区别呢？

---

① 蒋礼鸿撰：《商君书锥指》卷 4《徕民第十五》，第 95 页。

三、商君重农政策及措施

商鞅的重农政策集中表现在为保护农耕活动而出台与推行的一系列奖励农耕的法律与政策上面。

实际上，商鞅变法的第一道法令就是《垦草令》。

《商君书·垦令》中就垦草明确规定了二十种鼓励与保护措施，《垦草令》非常系统、明确，归纳起来集中表现在两个方面：一是鼓励农业生产，支持农民开垦荒地；二是抑制贵族特权，打击商人及一切不利于农民耕作、农业生产的利益群体及其活动。具体内容如下：

第一，"无宿治"，严禁官员拖延公务及不作为。

> 无宿治，则邪官不及为私利于民。而百官之情不相稽，则农有余日；邪官不及为私利于民，则农不败。农不败而有余日，则草必垦矣。[1]

不准官吏留下当日的政务不办，这样可以使邪恶的官吏没有空闲时间到民众那里谋求个人的私利。如果群臣的政务不拖沓延误，那么农民就会有更多的时间去从事农业生产活动。如果邪恶的官吏没有时间到民众中去谋取个人私利，那么农民就不会受到危害。农民不会受到危害，就有充裕时间

---

① 蒋礼鸿撰：《商君书锥指》卷1《垦令第二》，第6页。

来从事农业生产，那么荒地就一定能够得到开垦了。

第二，"訾粟而税"，按实际产量征收田赋。

> 訾粟而税，则上壹而民平。上壹，则信；信，则臣不敢
> 为邪。民平，则慎；慎，则难变。上信而官不敢为邪，民慎
> 而难变，则下不非上，中不苦官。下不非上，中不苦官，则
> 壮民疾农不变。壮民疾农不变，则少民学之不休。少民学之
> 不休，则草必垦矣。[①]

政府根据粮食的产量来计算田赋，那么国家的田赋制度
就会统一，而民众承担的赋税才会公平。国家的田赋制度统
一而明确，就会在民众中建立起政府信誉；形成政府信誉，
大臣就不敢再搞歪门邪道。民众的负担公平，就会谨慎对待
自己的职业；民众慎重对待自己的职业，就不会轻易改变职
业。这样一来民众就不会议论君主的是非，也不会认为官吏
害民。若民众心中不抱怨君主，也不怨恨官吏，那么壮年农
民就会尽力从事农业生产而不改做其他行业。壮年人努力从
事农业生产，那么年轻人就会向他们学习而不断地努力从事
农业生产。年轻人不断地学习务农，那么荒地就一定能够得
到开垦。

第三，贵农贱学，"无以外权爵任与官"。

---

① 蒋礼鸿撰：《商君书锥指》卷1《垦令第二》，第5页。

> 无以外权爵任与官，则民不贵学问，又不贱农。民不
> 贵学，则愚；愚，则无外交；无外交，则国安不殆。民不贱
> 农，则勉农而不偷。国安不殆，勉农而不偷，则草必垦矣。①

不要仅仅因为学问博雅就给某些人封爵加官，民众就不
会看重学问，也不会轻视农业。民众不轻视农业，就会努力
从事农业生产而不偷懒。若国家的安全没有危险，农民尽力
从事农业生产不偷懒，那么荒地就一定能得到开垦。

第四，抑制贵族以及寄生于贵族的利益群体，"以其食口
之数赋而重使之"。

> 禄厚而税多，食口众者，败农者也。则以其食口之数
> 赋而重使之。则辟淫游惰之民无所于食。民无所于食，则必
> 农；农，则草必垦矣。②

士大夫贵族的俸禄高并且收税多，吃闲饭的人就众多，
这是危害农业生产的行为，应按他们吃闲饭的人口数目征收
赋税，并加重他们的徭役。这样，那些达官贵族就没有办法
多收食客。达官贵族没有办法多收食客，那些邪僻、淫荡、
四处游说、懒惰的人也就没有地方去混饭吃。这些懒惰的人
没处混饭吃，就会去务农。人们都去务农，那么荒地就一定

---

① 蒋礼鸿撰：《商君书锥指》卷1《垦令第二》，第7页。
② 蒋礼鸿撰：《商君书锥指》卷1《垦令第二》，第8页。

能得以开垦。

第五，"使商无得籴，农无得粜"，禁止商人买卖粮食。

> 使商无得籴，农无得粜。农无得粜，则窳惰之农勉疾。商不得籴，则多岁不加乐；多岁不加乐，则饥岁无裕利。无裕利，则商怯；商怯，则欲农。窳惰之农勉疾，商欲农，则草必垦矣。①

使商人不得卖粮，使农民不得买粮。农民不得买粮，那么懒惰的农民就会勤奋耕作。商人不得卖粮，那么在丰收年景就不能靠卖粮而更加享乐，在荒年也没有厚利可得。没有厚利可得，那么商人就害怕了；商人害怕经商，就想去务农。懒惰的农民勤奋耕作，商人想去务农，那么荒地就一定能够开垦了。

第六，禁止享乐，"声服无通于百县"。

> 声服无通于百县，则民行作不顾，休居不听。休后不听，则气不淫；行作不顾，则意必壹。意壹而气不淫，则草必垦矣。②

靡靡之音、奇装异服不流行到各县去，那么农民出外劳

---

① 蒋礼鸿撰：《商君书锥指》卷 1《垦令第二》，第 8 页。
② 蒋礼鸿撰：《商君书锥指》卷 1《垦令第二》，第 6 页。

动时就看不到奇装异服,在家休息时就听不到靡靡之音。在家休息时听不到靡靡之音,那么精神就不会涣散;出外劳动时看不到奇装异服,那么心意必然会专一。农民心意专一而精神不涣散,那么荒地就一定能够开垦了。

第七,"无得取庸",不养懒汉。

> 无得取庸,则大夫家长不建缮,爱子不惰食,惰民不窳,而庸民无所于食,是必农。大夫家长不建缮,则农事不伤。爱子、惰民不窳,则故田不荒。农事不伤,农民益农,则草必垦矣。[1]

不准雇用佣工,那么卿、大夫、家主就没有办法建筑、修缮自家府院的房屋,他们那些娇生惯养的儿女就无法不劳而食,懒惰的人也不能偷懒,那些靠给人做佣工生活的人就没有地方混饭吃,这样他们就一定会去务农。卿、大夫、家主不建房修房,那么农业生产就不会受到危害。卿大夫娇生惯养的儿女和不愿从事农业生产的懒汉没有机会偷懒,那么农田就不会荒芜,农业生产就不会受到危害。农民更加努力从事农业生产,那么荒地就一定能得以开垦了。

第八,"废逆旅",禁止民间开设旅馆。

---

[1] 蒋礼鸿撰:《商君书锥指》卷1《垦令第二》,第10页。

> 废逆旅，则奸伪、躁心、私交、疑农之民不行，逆旅之
> 民无所于食，则必农。农，则草必垦矣。①

废除旅馆，那么奸邪伪诈、不安心本职、私下交游、对从事农业生产迟疑不定的人就不会外出四处周游，而且那些开旅馆的人就没有办法谋生，那么他们一定会去务农。这些人都去务农，那么荒地就一定能得到开垦了。

第九，"壹山泽"，林、牧、渔资源统一收归国家管理。

> 壹山泽，则恶农、慢惰、倍欲之民无所于食。无所于
> 食，则必农。农，则草必垦矣。②

由国家统一管理山林湖泊的资源，那么厌恶农耕、懈怠懒惰、非常贪婪的人就没有地方混饭吃了。这些人没有地方混饭吃，就一定会去务农。这些人去务农，那么荒地就一定能够开垦了。

第十，重税酒肉以抑制商人及享乐蔓延造成的浪费，"贵酒肉之价；重其租，令十倍其朴"。

> 贵酒肉之价；重其租，令十倍其朴，然则商贾少，农不
> 能喜酣奭，大臣不为荒饱，商贾少，则上不费粟。民不能喜

---

① 蒋礼鸿撰：《商君书锥指》卷1《垦令第二》，第11页。
② 蒋礼鸿撰：《商君书锥指》卷1《垦令第二》，第12页。

酣爽，则农不慢。大臣不荒，则国事不稽，主无过举。上不
费粟，民不慢农，则草必垦矣。①

抬高酒、肉等奢侈品的价钱，加重收取这些东西的赋税，
让租税的数量高出它们的本钱十倍，这样的话，卖酒、肉等
东西的商人就会减少，农民也就不能纵情饮酒作乐，大臣也
就不会荒废政事而吃喝享乐。从事经商的人少了，那么国家
就不会浪费粮食。农民不能纵情饮酒作乐，那么农民就不会
懒惰。大臣不荒废政事，那么国家的政事就不会拖延不办，
君主也就不会有错误的举措。国家不浪费粮食，农民不怠慢
放松农业，那么荒地就一定能得到开垦了。

第十一，"重刑而连其罪"，建立相互监督制度。

重刑而连其罪，则褊急之民不斗，很刚之民不讼，怠惰
之民不游，费资之民不作，巧谀、恶心之民无变也。五民者
不生于境内，则草必垦矣。②

加重刑罚处罚措施，并且在民间建立联保组织，让人们
互相监视，如果一个人犯了罪，其他人一起受处罚，那些气量
小、性格暴躁的人就不再敢打架斗殴，凶狠强悍的人便不敢争
吵斗嘴，懒惰的人也不敢到处游荡，喜欢挥霍的人也不会不去

---

① 蒋礼鸿撰：《商君书锥指》卷1《垦令第二》，第12页。
② 蒋礼鸿撰：《商君书锥指》卷1《垦令第二》，第13页。

从事生产，善于花言巧语、心怀不良的人就不敢再进行欺诈。这五种人无法在国内存在，那么荒地就一定能得到开垦了。

第十二，控制居民迁徙，"使民无得擅徙"。

> 使民无得擅徙，则诛愚。乱农农民无所于食而必农。愚心、躁欲之民壹意，则农民必静。农静、诛愚，则草必垦矣。①

使民众不能随便搬迁，那么他们就会愚昧迟钝。民众愚昧迟钝就安土重迁，那些摇唇鼓舌蛊惑农民的人因为没有地方混饭吃，就必定会去务农。愚昧无知、性情浮躁、多欲念的人都能专心从事农业生产了，那么农民就一定会安心务农。农民安心务农而愚昧无知，那么荒地就一定能得到开垦了。

第十三，改革贵族世袭爵食制度，"均出余子之使令，以世使之，又高其解舍，令有甬官食，概。"

> 均出余子之使令，以世使之，又高其解舍，令有甬官食，概。不可以辟役，而大官未可必得也，则余子不游事人，则必农。农，则草必垦矣。②

改革贵族世袭制度，发布有关卿大夫、贵族嫡长子以外子弟必须同等地负担徭役、赋税的法令，根据他们的辈分让

---

①　蒋礼鸿撰：《商君书锥指》卷 1《垦令第二》，第 13—14 页。
②　蒋礼鸿撰：《商君书锥指》卷 1《垦令第二》，第 14—15 页。

他们服徭役，并且提高他们服徭役的条件，让他们从掌管为服徭役之人供给谷米的官吏那里领取粮食，这样他们就不可能逃避徭役，而且那些想做大官也未必能够免除这些负担的人，也就不会再四处游说或投靠权贵了。这些人去务农，那么荒地就一定能开垦了。

第十四，"国之大臣诸大夫，博闻、辨慧、游居之事，皆无得为，无得居游于百县"，禁止游说活动的蔓延。

> 国之大臣诸大夫，博闻、辨慧、游居之事，皆无得为，无得居游于百县，则农民无所闻变见方。农民无所闻变见方，则知农无从离其故事，而愚农不知，不好学问。愚农不知，不好学问，则务疾农。知农不离其故事，则草必垦矣。[①]

国家的大臣和大夫们，不准做那些有关与自己本职工作无关、能言巧辩、到外周游居住外乡之类的事情，更不准到各郡县去居住游说，这样农民就没有地方能听到奇谈怪论，听到蛊惑人心的学说了。若农民没有地方听到异端学说，那么有智慧的农民就没有办法脱离他们原来从事的农业，而那些愚笨的农民就会不喜欢异端学问。愚笨的农民无知识，不喜欢学问，有智慧的农民不脱离他们原来所从事的农业，那么荒地就一定能得到开垦了。

---

① 蒋礼鸿撰：《商君书锥指》卷1《垦令第二》，第15页。

第十五，实行军粮管理政策，"令军市无有女子；而命其商，令人自给甲兵，使视军兴；又使军市无得私输粮者"。

> 令军市无有女子；而命其商，令人自给甲兵，使视军兴；又使军市无得私输粮者。则奸谋无所于伏，盗输粮者不私稽，轻惰之民不游军市。盗粮者无所售，送粮者不私，轻惰之民不游军市，则农民不淫，国粟不劳，则草必垦矣。[①]

命令军队的市场上不准有女子的存在，还要命令内部市场上的商人自己给军队准备好铠甲兵器，让他们时刻关注军队军事行动开始时的战斗动员；还要让军队内部的市场不能有私自运输粮食的人，那么那些奸诈狡猾的人就没有办法找到隐藏粮食的地方，偷运来粮食的人就不能私藏偷运来的粮食，那些轻浮懒惰的人就不能到军中市场上游荡。偷运粮食的人没有地方出卖，运送粮食的人全由国家派出，轻浮懒惰的人不能到军中市场游逛，那么农民就不能四处游荡，国家的粮食就不会浪费，荒地就一定能得到开垦了。

第十六，"百县之治一形"，实行官僚体制统一。

> 百县之治一形，则从迁者不敢更其制，过而废者不能匿其举。过举不匿，则官无邪人。迁者不饰，代者不更，则官属少而民不劳。官无邪，则民不敖；民不敖，则业不败。

[①] 蒋礼鸿撰：《商君书锥指》卷1《垦令第二》，第15—16页。

官属少，征不烦。民不劳，则农多日。农多日，征不烦，业不败，则草必垦矣。①

各县的政令和统治措施必须一致，那么到期离任和升官的官吏就没有办法弄虚作假来粉饰自己，接任的官吏也不能隐藏自己的错误举动。若错误行为不能隐藏，那么官吏中就会没有不正派的人。升迁的人不用粉饰自己，接任的官吏不敢更改制度，那么官吏的从属人员就会减少，农民的负担就不会过重。官吏中没有邪恶的人，农民就不用到外躲避邪恶的官吏；农民不用四处躲避，那么农业就不会受到危害。官吏的从属小吏少了，那么征收的赋税就不会多。农民的负担不重，那农民从事农业生产的时间就多。农民从事农业生产的时间多，征收的赋税也不多，农业不受损害，那么荒地就一定能得到开垦了。

第十七，"重关市之赋"，以重税抑制商人的经商活动。

重关市之赋，则农恶商，商有疑惰之心。农恶商，商疑惰，则草必垦矣。②

加重关口、集市上商品的税收，那么农民就会讨厌经商，商人就会对经商产生怀疑而没有动力。农民讨厌经商，商人

① 蒋礼鸿撰：《商君书锥指》卷 1《垦令第二》，第 16—17 页。
② 蒋礼鸿撰：《商君书锥指》卷 1《垦令第二》，第 17 页。

对自己所从事的工作产生怀疑，不愿意经商，那么荒地就一定能得到开垦了。

第十八，"以商之口数使商，令之厮、舆、徒、重者必当名"，重徭役以抑制商人的活动。

> 以商之口数使商，令之厮、舆、徒、重者必当名，则农逸而商劳。农逸，则良田不荒；商劳，则去来赍送之礼，无通于百县。则农民不饥，行不饰。农民不饥，行不饰，则公作必疾，而私作不荒。则农事必胜：农事必胜，则草必垦矣。[①]

根据经商人家的人口数量向他们摊派徭役，让他们家中砍柴的、驾车的、供人役使的、做童仆的种种人丁都一定要到官府登记注册，并且按名册服徭役，那么农民的负担就会减轻，商人的负担就会加重，来来往往请托送礼的人就不会在各地通行。如果这样，农民就不会饥饿，办事也不用送礼讲排场。农民不挨饿，做事不用送礼，那么他们就一定会对国家让做的事积极努力，并且个人的事也不会荒废，那么在农业上的事就会做好。农业上的事做好了，那么荒地就一定能得到开垦了。

第十九，加强对运输业管理，"令送粮无取僦，无得反庸，车牛舆重设必当名"。

---

① 蒋礼鸿撰：《商君书锥指》卷1《垦令第二》，第17—18页。

> 令送粮无取僦，无得反庸，车牛舆重设必当名。然则往速来疾，则业不败农。业不败农，则草必垦矣。[1]

规定运送粮食的人不能花钱雇别人的车，更不准运粮车辆在返回时揽载私人货物。车、拉车的牛在运粮时的载重量服役时一定要同注册登记时一致。如果这样的话，那么运粮车就会往返迅速，运粮的事就不会危害农业生产。运粮不会危害农业生产，那么荒地就一定能得到开垦了。

第二十，禁止请托，"无得为罪人请于吏而饷食之"。

> 无得为罪人请于吏而饷食之，则奸民无主。奸民无主，则为奸不勉。为奸不勉，则奸民无朴。奸民无朴，则农民不败。农民不败，则草必垦矣。[2]

不允许犯罪的人向官吏求情并且给他们送饭吃，那么奸民就没有了靠山。奸民没有了靠山，那么他们做坏事就得不到鼓励。做坏事得不到鼓励，那么农民就不会受到危害。农民不受到危害，那么荒地就一定能得到开垦了。

商鞅推行的上述二十条法令，集中地反映了他的重农思想及其配套的比较系统的治理措施，其核心就是政府采取强硬政策，从各个方面采取措施来保障农民的利益和农业生产

---

① 蒋礼鸿撰：《商君书锥指》卷1《垦令第二》，第18页。
② 蒋礼鸿撰：《商君书锥指》卷1《垦令第二》，第19页。

的发展。其中涉及实行县制、村治、吏治整顿、抑制商人、禁绝游士、奖励农耕等政治、文化、社会与经济发展之间的关系，其治理经验十分值得我们深入探讨。

实际上，从商鞅变法开始，农民从事耕田、垦荒、纺织、渔猎、植树等农业活动，向国家缴纳粮食到一定的数量，就可以获得相应的爵位，这意味着努力耕田就可以获得国家荣誉，进而改变人们的社会政治地位。利益与荣誉人人所需，这种将民众的物质精神需要与国家富强政策兼顾并举的措施，大大激励了秦人从事农业的积极性，直接推动了生产力的发展和社会财富的迅速积累。

总之，上述二十条法令紧紧围绕着重农战略，采用利出一孔的策略，具体内容涉及国家制度、军队治理、刑罚制度、高级与基层官员的管理、贵族特权的限制、对懒汉的管理、税收制度的改革、文化政策、商业以及服务业的管理、粮食的买卖、物价控制、山林资源国有化等诸多方面，在对农民和农业的支持和鼓励加大的同时，政府也加强了对农民和农业的控制，尤其是与农民和农业产生冲突方面的控制。在商鞅的严峻法度下，无论自愿还是不自愿、乐意还是不乐意，无论官吏、贵族、商人、还是农民，全国各个阶层都必须无条件支持、鼓励发展农业，这从一个方面折射出了商鞅治国理政的智慧、决心、方法、路径与能力。

第四章　兵者大事

——处理好军事与政治之关系

军事是政治的继续。战争的胜利源于政治的胜利。政治的胜利源于成功的国家治理，源于法治的有效推行，源于民众的无私与无畏。无敌于天下的军队是用法治武装起来的军队。战略决策是决定性的，其次才是将领的贤能。作战之前必须要了解敌人，衡量、对比敌我双方的政治、经济、力量对比等情况，做到知己知彼，谨慎决策。作战之道，不但要通晓进攻之术，更要明白防御之策。战胜不骄傲，战败不气馁。这就是商鞅的战争论。作为一个战略家，商鞅非常明确地把政治和战略决策作为战争的决定性要素，这是大政治家的智慧，是对《孙子兵法》的继承和超越。

一、"国之所以兴者，农战也"

商鞅治理国家的路径十分简单、清晰而实用，首先是发展农业，然后通过强农来强兵，进而以强兵达到开疆拓土的目标。

商鞅治国虽然"农战"并谈，但其重农思想及其治理措施在第三章中已经进行过探讨，因此不再赘述，本章只从"战争"方面进行探讨。

商鞅治国之所以把战争提高到与发展农业经济同等重要的高度，主要是基于以下几个方面的考虑。

第一，时代的需要。

相较于天下大乱的春秋时期而言，战国是一个由战争、动乱开始走向统一、和平的新时代。决定这个时代走向的主要力量是统一战争，因此各国都在集中力量发展军事，"今世主皆忧其国之危而兵之弱也。"① 秦国当然也不例外。

第二，战争关系到国家的兴亡。

孙子说："兵者，国之大事也。死生之地，存亡之道，不可不察也。"② 战争是国家的大事，关系到国家的盛衰存亡，凡为治国理政者，当然都必须认真谨慎地对待与极度重视。

---

① 蒋礼鸿撰：《商君书锥指》卷 1《农战第三》，第 26 页。
② （春秋）孙武著：《孙子兵法新注》《计篇》，中国人民解放军军事科学研究院战争理论研究部《孙子》注释小组注，中华书局 1997 年版，第 1 页。

从治理国家的角度，商鞅认为，国家之所以兴盛，是靠农耕与作战，"国之所以兴者，农战也"①。治理国家，就是集中一切力量做好这两件事情。

第三，秦孝公东进"复穆公之故地"事业的驱使。

秦孝公元年发布的《招贤令》，是商鞅变法与秦国军事东进的原动力。等商鞅变法成效显著、国力强大时，统一战争又成了秦国的战略目标。对此，司马迁在《史记·秦始皇本纪》中曾有这样一段记载："秦孝公据崤函之固，拥雍州之地，君臣固守而窥周室，有席卷天下，包举宇内，囊括四海之意，并吞八荒之心。当是时，商鞅佐之，内立法度，务耕织，修守战之备，外连衡而斗诸侯，于是秦人拱手而取西河之外。"②

第四，发展强大秦国的必要政策。

秦人身居四战之地，为敌国虎视眈眈，加上秦本就是依靠军事立国，军政兵戎向来是秦国统治者一直最为重视的大事。商鞅治国的目标，本就在于秦国的复兴与强大，在于"强兵辟土"③，对于军事与战争，当然是他治国理政的重中之重。

第五，解决"国危主忧"的基本手段。

商鞅指出："夫国危主忧也者，强敌大国也。人君不能服强敌、破大国也，则修守备，便地形，抟民力，以待外事，

---

① 蒋礼鸿撰：《商君书锥指》卷1《农战第三》，第20页。

② （汉）司马迁：《史记》卷6《秦始皇本纪》，第278—279页。

③ 蒋礼鸿撰：《商君书锥指》卷1《农战第三》，第26页。

然后患可以去，而王可致也。"① 国家危急、君主担忧，是因为面临强敌大国。君主如果不能去征服强敌、攻破大国，那就要搞好防守的设备，熟悉地形，集中民间的人力物力，来对付外来的战事，然后祸患才可以消除，称王天下的目的才可以达到。

第六，"以战去战，以杀去杀。"② 用战争消灭战争，用战争来实现天下统一，重建天下和谐稳定的新秩序，这是商鞅治理国家的终极理想。

总的说来，商鞅的军事战略思想是国家治理的一部分，是当时秦国政治发展需求的结果，是为秦国统一六国的政治战略服务的。

二、"凡战法必本于政胜"

商鞅的战争观在《商君书·画策》篇中有着比较详细的论述，文中说：

> 名尊地广，以至王者，何故？名卑地削，以至于亡者，何故？战罢者也。不胜而王、不败而亡者，自古及今未尝有也。民勇者，战胜；民不勇者，战败。能壹民于战者，民

① 蒋礼鸿撰：《商君书锥指》卷1《农战》，第26页。
② 蒋礼鸿撰：《商君书锥指》卷4《画策第十八》，第107页。

勇；不能壹民于战者，民不勇。圣王见王之致于兵也，故举国而责之于兵。入其国，观其治，兵用者强。奚以知民之见用者也？民之见战也，如饿狼之见肉，则民用矣。凡战者，民之所恶也。能使民乐战者王。强国之民，父遗其子，兄遗其弟，妻遗其夫，皆曰："不得，无返！"又曰："失法离令，若死，我死。乡治之。行间无所逃，迁徙无所入。"行间之治，连以五，辨之以章，束之以令。拙无所处，罢无所生。是以三军之众，从令如流，死而不旋踵。①

军事与政治有着不可分割的关系。有的国君名声崇高、国土辽阔，以至于称王天下，这是什么缘故？是因为他用兵作战获胜了。有的国君名声卑下、国土削减，以至于灭亡，这是什么缘故？是因为他用兵作战失败了。没打胜仗就称雄天下、没打败仗就亡国的情况，从古到今还未曾有过。民众勇敢的国家，打起仗来就能取胜；民众不勇敢的国家，打起仗来就会失败。能够使民众专心于战争的国家，民众就勇敢；不能使民众专心于战争的国家，民众就不勇敢。圣明的帝王看到称王天下的大业只能从战争中取得，所以发动全国民众要求他们都当兵为国而战。如果进入一个国家，观察它的治理情况，那么军队能被国君利用的国家就一定强大。凭什么来了解民众已被国君利用了呢？民众看到打仗，如果像饿狼

---

① 蒋礼鸿撰：《商君书锥指》卷4《画策第十八》，第108—109页。

看到了肉一样，这就是民众被国君利用了。一般说来，战争这种东西，是民众所厌恶的。能够使民众乐意作战的国君，就能称王天下。强国的民众，父亲送儿子去当兵，哥哥送弟弟去打仗，妻子送丈夫上前线，都说："得不到敌人首级，就别回来！"又说："不遵守法律、违背了命令，你死，我也得死。乡里会惩治我们。你在军队中没有地方可逃，即使逃回家了，要搬迁也无处落脚。"军队中的管理办法，是把每五个人编成一个队伍实行连坐，用明确的标志来区别他们，用命令来约束他们。这样，士兵逃走无处安身，失败了无法生存。因此三军的将士，从令如流，即使战死沙场也不会临阵脱逃。

总结上述这段文字，商鞅的战争观可以用三句话来概括。

（1）战争是政治第一部分。战争关系到国家的兴亡与治理者的荣辱。

（2）民众是胜利之本，民众支持是取得战争胜利的保障。

（3）要想打赢战争，就必须重视对民众的管理与激励。

两千多年来，在人们的意识中，商鞅是一位锐意的改革家，是一位铁血果断的政治家，但人们忽视了一个很重要的事实，这就是——商鞅还是中国早期历史上一名著名的军事战略家。

《汉书·艺文志》是现存中国古代最早的图书目录，分类著录了中国古代的典籍，分为七大类，故称《七略》，这七略分别是《辑略》《六艺略》《诸子略》《诗赋略》《兵书略》《术数略》《方技略》。在这部目录著作中，《商君书》被重复著录两次，一次是著录在《诸子略》的法家一类，称："《商君》二十九篇。"另一次是著录在《兵书略》，称："《公孙鞅》二十七篇。"[1] 著录两处的还有一部书，即《孙子兵法》，在《诸子略》和《兵书略》中都有著录。这里透露出一个信息，商鞅身兼多种角色。就先秦诸子学说而言，他是法家的著名代表人物；就先秦政治人物而论，他是一位著名的政治实践家。同时，商鞅也是一位军事战略家。在先秦诸子中，商鞅融合了道家、兵家、法家学说。他的政治思想源于道家，用以处理政治经济问题时，是法家，用以处理军事战略问题时，他又是一位兵家。他的变法是为农战服务的。因而，他提出"凡战法必本于政胜"的著名观点，也就不难理解。

《商君书·战法》说：

> 凡战法必本于政胜，则其民不争，不争则无以私意，以上为意。故王者之政，使民怯于邑斗，而勇于寇战。民习以力攻难，故轻死。[2]

这段话信息十分庞大，进一步阐发了商鞅的战争观：

第一，强调政治对战争的决定性作用，把军事纳入政治的范畴，把政治视作军事之本。这种把军事纳入政治的范畴，

---

① 《汉书》卷 30《艺文志》，第 1728、1745 页。
② 蒋礼鸿撰：《商君书锥指》卷 3《战法第十》，第 68 页。

把政治看作军事之本的观点，在中国古代军事史上，无疑是一大创见。

第二，使民众服从政令，是确保军事行动胜利的前提。

第三，军事是政治的继续。"王者之政，使民怯于邑斗，而勇于寇战。民习以力攻难，故轻死。"

第四，"兵生于治而异。"[1] 军事是政治的组成部分，是政治的保障。

一般而言，作战的方法必须以国内政治上的优势为基础，必须为国内政治服务。国家政令通达，民众才会遵守法令而不会互相争斗。民众不互相争斗，那么就没有人敢不服从君主的意志。因此，那些成功的君主，他的政治举措，就是使民众不敢参与乡邑间的私斗，而能勇于和外敌作战。让民众习惯于用力攻打敌人的坚固阵地，为了国家利益而不怕在作战中牺牲。

先秦时期，人们对战争的起因、战争性质的探讨，虽然还相当肤浅，甚至有一定的片面性，但是毕竟已经涉及了战争的根本问题。认为战争的胜负不仅是军事力量的竞赛，更是政治、人心的竞争。战争的胜负涉及许多方面的重要因素。正是在这样认识的基础上，商鞅非常强调政治与军事的关系，强调战争的指导原则，必须以政治为基础和前提，政治上的优胜是最重要的优胜，是战胜敌人最根本的条件。政治统治能控御民

---

① 蒋礼鸿撰：《商君书锥指》卷3《立本第十一》，第72页。

众，臣下拥护君主，那么军事力量就强。民众抵制政治统治，臣下反对君主，军事力量就弱小。"兵起而程敌，政不若者勿与战""持胜术者，必强至王"[1]。

三、"治强之道三，论其本也"

商鞅治国，农战并重，他十分重视军事与政治关系相互促进的重要性。

《商君书·立本》篇说：

> 凡用兵，胜有三等：若兵未起则错法，错法而俗成，而用具。此三者必行于境内，而后兵可出也。行三者有二势：一曰辅法而法行，二曰举必得而法立。故恃其众者谓之葺，恃其备饰者谓之巧，恃誉目者谓之诈。此三者，恃一，因其兵可禽也。故曰：骚者必刚斗其意，斗则力尽，力尽则备，是故无敌于海内。治行则货积，货积则赏能重矣。赏壹则爵尊，爵尊则赏能利矣。故曰：兵生于治而异，俗生于法而万转，过势本于心而饰于备势。三者有论，故强可立也。是以强者必治，治者必强；富者必治，治者必富；强者必富，富者必强。故曰：治强之道三，论其本也。[2]

---

① 蒋礼鸿撰：《商君书锥指》卷 3《战法第十》，第 70 页。

② 蒋礼鸿撰：《商君书锥指》卷 3《立本第十一》，第 70—71 页。

《商君书·立本》篇说：

大凡用兵打仗，要取得胜利应该具备三个步骤：第一，在战前要实行法治；第二，积极务农；第三，养成勇敢作战的作风。军队出征前，必须完成这三个步骤。实行这三个步骤，要有两种助力：第一是国君重视法治，法治才能实行；第二是国君做事一定和法度相当，因而法治才能确立。治理国家的成功，一定要使民众通过法治形成坚定顽强的斗争精神；民众有了顽强的对敌斗争精神，就会在作战时全力以赴；民众在作战时全力以赴，就能无敌于天下。治理国家，在实行法治时，还要推行重农的政策。重农政策实行了，那么财富就能积累起来；财富积累了，奖赏也就更加优厚。奖赏专一地赐给有战功的人，那么爵位就显得尊贵了；爵位尊贵，那么奖赏就能产生有益的效果了。因此说，军事是特殊的政治，是政治的重要保障。风俗产生于法制而又随着法制的变革千变万化，胜过敌人的力量来源于军心而又为武器装备与谋略所加大。做到这三个方面，国家就一定会强大起来。因此，治理者政策的好坏与国家治理的好坏休戚相关。国家安定强大的道理有三个方面，关键在于仔细弄清楚它们的本源。这就是立本，治国之道即在于确立根本。

商鞅所说的根本当然就是"农战"与"法治"。在军事上是指确立根本的强兵胜敌之法。这个强兵胜敌之法包括三个方面：一是战前实行法治；二是用法治造成勇于对敌作战的民风民俗；三是用这样的民俗来形成胜过敌人的战争工具，即兵员与武器装备；等等。商鞅认为，这三者都做到了，秦国就能无敌于天下。

四、商鞅在战法上的一些体悟

上文说过，商鞅不仅是一个政治家，也是一位军事家。在多年对魏国作战的实践中，他在克敌制胜方面也积累了一些宝贵的经验。下面列举数例：

第一，谨慎用兵。商鞅说："兵大律在谨，论敌察众，则胜负可先知也。"[1]用兵的重要原则在于谨慎，仔细考察敌情、弄清楚各种情况，明晓敌我双方的政治、经济、力量对比，那么战争的胜负就可以预先知道了。战争是关系到国家生死存亡的大事情，一定要慎重对待，做到知彼知己、百战不殆。

第二，政出庙算。军事决策与战略战术要由中央政府操作，官兵与民众要支持与拥护中央政府的决策。"若兵敌强弱，将贤则胜，将不如则败。若其政出庙算者，将贤亦胜，将不如亦胜。政久持胜术者，必强至王。若民服而听上，则国富而兵胜，行是，必久王。"[2]

---

① 蒋礼鸿撰：《商君书锥指》卷3《战法第十》，第69页。
② 蒋礼鸿撰：《商君书锥指》卷3《战法第十》，第69页。

第三，"四战之国务在守战"。兵守，就是战争防守。商鞅说："四战之国贵守战，负海之国贵攻战。四战之国，好举兴兵以距四邻者，国危。四邻之国一兴事，而已四兴军，故曰国危。四战之国，不能以万室之邑舍钜万之军者，其国危。故曰：四战之国务在守战。"①

第四，"守城之道，盛力也。"守城的基本方法，就是加强防御的力量。守城的战略战术是要主动出击、以逸待劳与全民皆兵的有机运用。具体说来，就是：其一，用"死人之力"——使守卫城墙的将士拼死作战。"守有城之邑，不如以死人之力与客生力战。""围城之患，患无不尽死而邑。"其二，以逸待劳——在城内保存一部分生力军，以消灭入侵的敌军。"以佚力与罢力战，此谓以生人力与客死力战。"②其三，全民皆兵——征召民众，编成壮男、壮女、老弱等三军，分别负责抵抗敌人、坚壁清野、提供给养的任务。其四，稳定军心——三军之间不得相互往来，以免军心动摇。

第五，用兵之法，最忌讳轻敌深入。

商鞅认为：

> 其过失，无敌深入，偕险绝塞，民倦且饥渴，而复遇疾，此其道也。③

---

① 蒋礼鸿撰：《商君书锥指》卷3《兵守第十二》，第72—73页。
② 蒋礼鸿撰：《商君书锥指》卷3《兵守第十二》，第73页。
③ 蒋礼鸿撰：《商君书锥指》卷3《战法第十》，第70页。

　　用兵的错误，是轻敌深入，背靠险阻而穿过要塞，士兵疲倦且又饿又渴，又碰上疾病，这就是那错误的用兵之道啊。

　　第六，"将贤则胜，将不如则败。"①

　　孙子说："将者，智、信、仁、勇、严也。"②孙子重视"将"的素质，认为领兵作战者，应该具备智、信、仁、勇、严五种基本素质。商鞅同样如此。他很重视"贤"在军事作战中的作用，得出了"将贤则胜，将不如则败"的基本结论。

　　商鞅的用兵之法当然不止上面所述这些。商鞅虽然是一位军事家，但首先是一位政治家，他的军事战略战术始终是围绕他的治国理政目标展开的。他的军事目标，就是以战去战，用战争消灭敌国，最终一统天下。

---

　　① 蒋礼鸿撰：《商君书锥指》卷3《战法第十》，第69页。
　　② （春秋）孙武著：《孙子兵法新注》《计篇》，第1页。

第五章 抟力之道

——建立强大的国家凝聚力

　　国家凝聚力的根基是民心的凝聚。一盘散沙如何凝聚？商鞅的策略是依法凝聚，凝聚于农，通过凝聚于农进而凝聚于战，用法治"赏罚"的手段养成民众的好农乐战风气。凝聚力的养成就是使民心归于农战，热爱农战，如此则民心朴实可用，上下同心，农战也就有了可靠的保障，国家富强也就成为必然之势。商鞅变法二十年的着力处就是农战，就是凝聚力，秦能够统一六国，靠的也是农战，靠的也是凝聚力。而秦帝国的崩溃，也是凝聚力的崩溃。商鞅的凝聚策略是依法治国，方法是让民众将注意力与各种实际利益聚焦于农战上面，通过农战来实现。这种策略、这种方法，开后世治国理政者之先河。

一、"善为国者，皆作壹而得官爵"

商鞅认为，成功的治国之道，核心点就是最大限度地形成君臣同心、君民同心，全国上下各阶层众志成城的关系，这种"上下同欲者胜"的关系，就是国家凝聚力。商鞅认为：

第一，"国乱者，民多私义。"[1] 国家混乱的原因，是民众多讲求私人的道义，私欲泛滥横行而国家没有得到有效治理。

第二，"胜民之本在制民。"[2] 能控制天下的人，一定是首先能控制他的民众的人；能够战胜强大敌人的人，一定是首先能制服他的民众的人。制服民众的基础在于控制民众，方法是建立"赏罚"的法度以陶冶之，就好像冶炼工对金属可以进行陶冶、陶器工对泥土可以随意揉捏一样。如果这个基础不坚固，那么民众就会像飞鸟走兽一般一盘散沙，政府威信就会丧失，国家就会陷于混乱。

第三，"善为国者，官法明，故不任知虑。"[3] "善治民者，塞民以法。"[4] 制服民众的根本措施，是法治。所以善于治理国家者用严明法度来制约民众，那么国家的凝聚力就建立起来了。

---

[1]　蒋礼鸿撰：《商君书锥指》卷4《画策第十八》，第111页。
[2]　蒋礼鸿撰：《商君书锥指》卷4《画策第十八》，第107页。
[3]　蒋礼鸿撰：《商君书锥指》卷1《农战第三》，第20页。
[4]　蒋礼鸿撰：《商君书锥指》卷4《画策第十八》，第107页。

第四，"明主不滥富贵其臣。"[1]商鞅说："凡人主之所以劝民者，官爵也；国之所以兴者，农战也。今民求官爵，皆不以农战，而以巧言虚道，此谓劳民。劳民者，其国必无力；无力者，其国必削。"[2]大凡君主用来勉励民众的，是官职和爵位；国家赖以兴盛的，是农耕和作战。现在民众取得官职爵位，不是靠农耕和作战，而是靠纵横家巧妙的辩说和儒家空洞的说教，这当然不能凝聚民众。没有凝聚民众的力量，国家就必然没有实力；没有实力的君主，他的国家必然会削弱。

第五，在"明主不滥富贵其臣"的基础上，商鞅得出结论："善为国者，其教民也，皆作壹而得官爵，是故不官无爵。国去言，则民朴；民朴，则不淫。民见上利之从壹空出也，则作壹；作壹，则民不偷营；民不偷营，则多力；多力，则国强。"[3]善于治理国家的人，都会引导民众专心从事农战来取得官职和爵位，如果不专心从事农战，就不能做官、没有爵位。国家清除空谈，那么民众就朴实；民众朴实，就不会放荡不羁。民众看到君主的爵禄奖赏只集中于农战一口，就会专心从事农战；民众专心从事农战，就不会苟且经营其他的行业了；民众响应政府号召专心致力于农战，那么国家就会实力雄厚，国力强大。

---

① 蒋礼鸿撰：《商君书锥指》卷4《画策第十八》，第110页。
② 蒋礼鸿撰：《商君书锥指》卷1《农战第三》，第20页。
③ 蒋礼鸿撰：《商君书锥指》卷1《农战第三》，第21页。

二、"国力抟者强，国好言谈者削"

商鞅说：

"国力抟者强，国好言谈者削。"①

国家凝聚力的建立在于政府治理目标的集中，在于专注于农耕与作战。君民致力于农战，成为最强大的国家凝聚力，始终不渝地坚持农战政策，国家必然强盛。

抟国力重要的手段是统一民众的思想。

> 凡治国者，患民之散而不可抟也，是以圣人作壹，抟之也。国作壹一岁者，十岁强；作壹十岁者，百岁强；作壹百岁者，千岁强；千岁强者王。君修赏罚以辅壹教，是以其教有所常，而政有成也。②

商鞅统一民众思想的主要措施可以概括为以下三个方面。

第一，立法治，废礼治。

周代依靠礼乐治国，但这种治理方式在春秋战国时代已经时过境迁、不合时宜了。

孔子在礼坏乐崩的时代，仍然坚持恢复西周的礼乐制度，

---

① 蒋礼鸿撰：《商君书锥指》卷1《农战第三》，第22页。
② 蒋礼鸿撰：《商君书锥指》卷1《农战第三》，第25页。

主张礼治。商鞅的治国思维则与孔子完全不同，认为面对纷扰不已、战乱频繁的世道，只有法治才是重建秩序的救世之道。

（1）商鞅认为，礼治与法治不并立，要确立法治就必须废除礼治。礼治无法实现秦人归心于耕战的目标，而且还会对耕战目标的实现起到反面阻扰的作用。

（2）时移世易，礼治起积极作用的时代已经过去，乱世用重典，面对社会失序，人性阴暗面的膨胀，人心的诈伪、投机，礼治已经难以奏效，因此必须实行法治。

第二，"燔《诗》《书》而明法令"①。

商鞅变法，"燔《诗》《书》而明法令。"

商鞅认为，"农战之民千人，而有《诗》《书》辩慧者一人焉，千人者皆怠于农战矣。""《诗》、《书》、礼、乐、善、修、仁、廉、辩、慧，国有十者，上无使守战。国以十者治，敌至必削，不至必贫。国去此十者，敌不敢至，虽至必却；兴兵而伐，必取；按兵不伐，必富。"②故燔《诗》《书》，是因为《诗》《书》对于国家富强有害而无益，而且扰乱、蛊惑民心，使空谈之风蔓延，对法令的执行具有破坏作用，并更进一步导致耕战的目标无法实现。国家和民众如果把精力用在《诗》《书》、礼、乐的研习上，治国也用《诗》《书》礼、乐，只会导致人们思想混乱、国家贫弱，进而对外战争

---

① （清）王先慎撰：《韩非子集解》卷4《和氏》，第97页。
② 蒋礼鸿撰：《商君书锥指》卷1《农战第三》，第23页。

失败。只有禁止《诗》《书》，民众才会专心致力于耕战，国家才会富强。

第三，壹务、壹言、壹教。

壹，就是专一；壹务，就是使民众专心于农战；壹言，是指国家让民众专心于农战的政策与言论；壹教，就是用农战政策来立法、化俗，教化民众。

商鞅说：

> 治国者贵民壹，民壹则朴，朴则农，农则易勤，勤则富。[①]

治理国家贵在使民众专心一致，民众专心一致就会朴实，朴实就肯务农，务农就容易勤劳，勤劳就能富裕。正是在此认识的基础上，商鞅得出了"故圣王之治也，慎为、察务，归心于壹而已矣"[②]的结论。

春秋战国是中国历史上一大变动时期。"高岸为谷，深谷为陵"[③]的社会变化运动打破了传统的生活轨迹和观念。历史的车轮要向哪里转动？社会历史需要重新认识。

当时，各诸侯国都面临着如何妥善解决内政与外交这两大问题，在复杂的形势面前，任何僵化的老本，如门第、名分等都已无济于事，唯一有效的东西便是合乎时宜的谋略、

---

① 蒋礼鸿撰：《商君书锥指》卷 3《壹言》，第 61 页。

② 蒋礼鸿撰：《商君书锥指》卷 3《壹言》，第 63 页。

③ 《汉书》卷 36《楚元王传》，第 935 页。

政策与实力，于是，诸子并起，百家并兴，各种治国理论应时而生。在这种情况下，各诸侯国都在根据自己的需要以及对天下大势的判断来选择自己的治国理论。商鞅则基于秦国的现实利益以及对天下争于实力的实际情况的判断选择了法家思想。

这里必须指出的是，商鞅的法家思想不是学界所定义的那种学术意义浓厚的法家思想，而是商鞅融合神农、黄帝、尧、舜等历史上帝王的治国理论、先秦诸子救世理论为一体的一种新的治理国家的政治理论。

商鞅认为，凡将立国，"事本不可不抟，国务壹，则民应用；事本抟，则民喜农而乐战"①。要治理好国家，国务不能不集中统一，必须统一民众的思想，以"农战"与"法治"一种理论来治国，而不能多家学说并用。更不能任用巧言辩说之徒，听任他们议论朝政，迷惑君主，扰乱民心，助长空谈、虚伪、浮夸的风气。

应该看到，在战国时代统一思想是一件十分困难的事情，面临着重重困难与很多的障碍。在百家争鸣的时代能够确立法治的主导意识形态，不仅需要勇气，更需要智慧。秦立国的主导意识形态是以"农战"为核心凝聚各方利益的以法治国思想，通过壹务、壹言、壹教的方式，使整个国家形成强大的凝聚力而专心致力于农战。这种凝聚力是在商鞅集中国力强

---

① 蒋礼鸿撰：《商君书锥指》卷3《壹言》，第60页。

制推行下才得以实现的，直到秦政权灭亡，法治思想一直主导秦的政治。这种持续不断的法治思想主导，得益于商鞅变法时期的集中权力、财力、军事力量和强势推进。从这个意义说，商鞅是中国历史上对国家凝聚力有重大贡献的巨擘。

三、"民之所欲万，而利之所出一"

利，爵禄的奖赏；空，同孔；利出一孔，就是国家爵禄的奖赏只出自"农战"一个途径。

商鞅指出：

> 利出一空者，其国无敌；利出二空者，国半利；利出十空者，其国不守。[1]

爵禄的奖赏只出自农战一个途径，那国家就会无敌于天下；爵禄的奖赏出自两个途径，那国家就只能得到一半好处；爵禄的奖赏出自很多途径，那国家就会灭亡。

第一，商鞅治国，主张"利出一空（孔）"，这是商鞅对国家治理理论的最重要贡献。在国家治理上，商鞅强调将民众的利益需求与国家的富强之路结合起来，集中统一于"农战"

---

[1] 蒋礼鸿撰：《商君书锥指》卷3《勒令第十三》，第81页。

一途上面，反复强调"民之所欲万，而利之所出一"①的重要性，反复强调"利出多孔"的危害性。《商君书·农战》说：

> 善为国者，仓廪虽满，不偷于农；国大、民众，不淫于言；则民朴壹。民朴壹，则官爵不可巧而取也。不可巧取，则奸不生。奸不生，则主不惑。今境内之民及处官爵者，见朝廷之可以巧言辩说取官爵也，故官爵不可得而常也。是故进则曲主，退则虑私、所以实其私，然则下卖权矣。夫曲主虑私，非国利也，而为之者，以其爵禄也；下卖权，非忠臣也，而为之者，以末货也。然则下官之冀迁者皆曰："多货，则上官可得而欲也。"曰："我不以货事上而求迁者，则如以狸饵鼠尔，必不冀矣；若以情事上而求迁者，则如引诸绝绳而求乘枉木也，愈不冀矣。二者不可以得迁，则我焉得无下动众取货以事上而以求迁乎？"百姓曰："我疾农，先实公仓，收余以食亲；为上忘生而战，以尊主安国也。仓虚，主卑，家贫。然则不如索官。"亲戚交游合，则更虑矣。豪杰务学《诗》、《书》，随从外权；要靡事商贾，为技艺，皆以避农战。民以此为教，则粟焉得无少，而兵焉得无弱也？②

善于治理国家的人，仓廪虽满也不能放松发展农业的实干精神；国家虽大、人口多，也绝对不能放任空谈。实干兴

---

① 蒋礼鸿撰：《商君书锥指》卷2《说民第五》，第39页。
② 蒋礼鸿撰：《商君书锥指》卷1《农战第三》，第21—22页。

国，空谈误国，只有官职和爵位出于农战一个途径，民众才会朴实而致力于农战。奸诈、务虚之人才会没有产生的土壤，曲意逢迎、图谋私利、不利于国家者才能够杜绝。正是因为认识到思想多元的危害性，商鞅治国才会摈弃诗书辩慧，论功行赏，主张官爵与荣誉的获得，必须通过农战的途径。

第二，商鞅治国，反对儒、墨、纵横等家的思想十分明确。他认为儒家讲究空洞的道德仁义，墨家结党乱政，纵横家巧言辩说，都不切合秦国的实际情况，不利于政府法令的推行与实施。基于这样的认识，商鞅将妨碍变法与"农战"的一切消极因素称为六虱。《商君书·勒令》说：

> 六虱：曰礼、乐；曰《诗》《书》；曰修善，曰孝悌；曰诚信，曰贞廉；曰仁、义；曰非兵，曰羞战。国有十二者，上无使农战，必贫至削。十二者成群，此谓君之治不胜其臣，官之治不胜其民，此谓六虱胜其政也。十二者成朴，必削。是故兴国不用十二者，故其国多力，而天下莫能犯也。兵出，必取；取，必能有之；按兵而不攻，必富。朝廷之吏，少者不毁也，多者不损也，效功而取官爵，虽有辩言，不能以相先也，此谓以数治。以力攻者，出一取十；以言攻者，出十亡百。国好力，此谓以难攻；国好言，此谓以易攻。[①]

这段话起码包含这样几个意思：

---

① 蒋礼鸿撰：《商君书锥指》卷 3《勒令第十三》。

其一，六虱的内容是：（1）礼、乐；（2）《诗》《书》；（3）修善、孝弟；（4）诚信、贞廉；（5）仁、义；（6）非兵、羞战。

其二，导致国家贫穷乃至削弱的原因就是妨碍"农战"国策实施的"六虱"。

其三，实力是决定一切的根本，空谈误国。

其四，国家的官爵只奖励有功的人，无功不赏，有功不吝。

第三，对于民众的治理，商鞅主张"利之用则和"，让民众在实际中得到利益，他们才会与政府同心协力，这样才会增强国家凝聚力。商鞅说："民善之则亲，利之用则和。用则有任，和则匮，有任乃富于政。上舍法，任民之所善，故奸多。"①君主用慈善仁爱之道来治理民众，民众就会亲爱自己的亲人；君主在使用民众中使他们得利，他们才会和君主同心协力。君主使用民众，那么他们就有了任务；他们和君主同心协力，那么就会为君主尽心竭力；民众都有了任务而又能尽心竭力，那么在政事方面就能取得丰硕的成果。君主如果抛弃了法度，采用民众所赞美的仁爱之道来治国理政，那么坏人坏事就会增多了。

第四，商鞅认为，"利出一孔"是强大国家经济基础的重要途径。"利出一孔，则国多物；出十孔，则国少物。守一者治，守十者乱。治则强，乱则弱。强则物来，弱则物去。故

---

① 蒋礼鸿撰：《商君书锥指》卷5《弱民第二十》，第122页。

国致物者强，去物者弱。"[1]爵禄的奖赏如果只出自农战这一个途径，那么国家的物资就可以增加；如果出自很多途径，那么国家的物资就会匮乏。君主坚持专一地从事"农战"，国家就治理得好；君主用各种异端学说来治国，国家就会混乱。因此，利出一孔是强大国力的重要途径，是建立强大国家凝聚力的最重要手段。

---

① 蒋礼鸿撰：《商君书锥指》卷5《弱民第二十》，第124页。

第六章　治理主体

——治理民众的几个关键问题

　　民众治理是国家治理中最核心的内容，是历代统治者最关心的政治问题。政治家必须清楚地洞晓民众的本性与好恶，因为国家治理的核心主体就是民众。政府的一切政策都要通过民众的拥护与执行来实现。不理解与满足民众的利益，就无法治理好国家。民众问题处理的得当与否，直接关系到国家的强弱与政府权威的稳定。商鞅认为，为政的关键在于胜民。只有以政胜民，以法胜民，使民众遵从政府的政令律法，与政府步调一致，才能治理好国家，国家才会强盛。"法"为"爱民"而设。为了胜民，就要普及法治、鼓励告奸，以刑罚禁止民众对耕战政策的懈怠，以奖赏鼓励民众对耕战政策的投入。鉴于财富、荣誉等利益的追求对于民众至关重要，贫穷的要依法增加其财富，富有的要依法消耗其财富。因为民众贫穷就会削弱国家实力，民众富有而不加以节制就会骄奢淫逸而引发一系列新的社会问题。治理民众一定要依靠法令的严明，以法律为导向，以"赏罚"为二柄，以国家富强为目标，这是民众治理、治国理政的根本。

一、"昔之能制天下者，必先制其民也"

在国家治理上，商鞅十分重视"制民""胜民"。第一，商鞅站在历史的高度认识到了民众是社会活动的主体。

民众是政治实践、社会实践的主体参与者，政治家的一切政治方案、治理举措都要通过民众的参与和实践才能完成。商鞅显然认识到了这一点。他说："昔者昊英之世，以伐木杀兽，人民少而木兽多。黄帝之世，不麛不卵，官无供备之民，死不得用椁。事不同，皆王者，时异也。神农之世，男耕而食，妇织而衣；刑政不用而治，甲兵不起而王。神农既没，以强胜弱，以众暴寡，故黄帝作为君臣上下之义、父子兄弟之礼、夫妇妃匹之合，内行刀锯，外用甲兵。"[1] 各代的政治实践活动虽然不同，但都是根据民众的实际情况而推行，离开了民众的支持、拥护与参与，政治家治理国家的任务就不可能完成。正是认识到了民众的重要性，商鞅才提出了"昔之能制天下者，必先制其民也"[2] 的重要命题。

第二，何为"制民"？

"制"，就是治理、管理、控制；"制民"，是一套系统、缜密、复杂而又必要的治理民众的政治工程。

---

[1] 蒋礼鸿撰：《商君书锥指》卷 4《画策第十八》，第 106—107 页。

[2] 蒋礼鸿撰：《商君书锥指》卷 4《画策第十八》，第 107 页。

第三，为何要"制民"？

商鞅对此有清楚的答案：

> 胜民之本在制民。若冶于金、陶于土也。本不坚，则民如飞鸟禽兽，其孰能制之？①

对于国家而言，民众既是金矿，也是散土，因此必须通过冶炼、陶铸、教化、管理才能团结凝聚起来形成强大的政治力量。如果任其一盘散沙，如飞禽走兽那样无法无天，胡乱作为，国家不但会失去坚固的基础，还会陷入无休止的混乱，政治家还何谈治理国家？

第四，"制民"的基础是"胜民"。

"胜民"就是政府采取一切措施，在政治、经济、文化、教育、风俗习惯等养成上全面对民众进行治理，使其成为服从政府政策、法令、法治的公民。"胜民"的基础是"去强"，是"弱民"。"去强"就是除去强悍不羁，不服从国家政令、法律之民。"弱民"就是严厉打击彪悍不羁的民风，让民众完全服从国家的法令。商鞅说："民弱，国强；国强，民弱。故有道之国务在弱民。"②"民胜其政，国弱；政胜其民，兵强。"③治理好的国家，民众都会尊主守法。政府在民众心目中失去威

---

① 蒋礼鸿撰：《商君书锥指》卷4《画策第十八》，第107页。
② 蒋礼鸿撰：《商君书锥指》卷5《弱民第二十》，第121页。
③ 蒋礼鸿撰：《商君书锥指》卷2《说民第五》，第35页。

信，号令不行，则民胜政，国家就会出现危机；政府在民众中树立绝对的权威，君主得到人们的爱戴，能够令行禁止，则政胜民，国家就拥有了强盛的资本。

第五，"胜民"之本在法令律法。

商鞅说："法者所以爱民也。"①"民本，法也。故善治者塞民以法，而名地作矣。"②"用善，则民亲其亲；任奸，则民亲其制。合而复者，善也；别而规者，奸也。章善，则过匿；任奸，则罪诛。过匿，则民胜法；罪诛，则法胜民。民胜法，国乱；法胜民，兵强。故曰：以良民治，必乱至削；以奸民治，必治至强。"③"胜民"的根本措施是以法治国，做到"法胜民"。只有用严厉的法度来制约民众，才能让民众服从政府的号令与制度。

第六，"民胜其政"的典型表现。

商鞅认为，"辩、慧、礼、乐、慈、仁、任、誉"八种表现是"民胜其政"的典型特征。这是因为：辩慧足以淆是非；礼乐容易使人纵欲放荡；慈仁不忍用严刑峻法，臣民就敢于犯罪作乱；替奸人担保和辩护，就会权归臣下，因此，治理国家必须从根本上杜绝这八种祸源。故《商君书·说民》中说：

① 蒋礼鸿撰：《商君书锥指》卷1《更法第一》，第3页。
② 蒋礼鸿撰：《商君书锥指》卷4《画策第十八》，第107页。
③ 蒋礼鸿撰：《商君书锥指》卷2《说民第五》，第36页。

辩慧，乱之赞也；礼乐，淫佚之徵也；慈仁，过之母也；任誉，奸之鼠也。乱有赞则行，淫佚有徵则用，过有母则生，奸有鼠则不止。八者有群，民胜其政；国无八者，政胜其民。民胜其政，国弱；政胜其民，兵强。故国有八者，上无以使守战，必削至亡。国无八者，上有以使守战，必兴至王。①

第七，如何"制民"？

说起来，商鞅的"制民"之道十分简单清晰，集中表现在"罚重，爵尊；赏轻，刑威"② 两个方面：刑罚重，爵位才显得尊贵，人们才会去珍惜；奖赏轻，不让人们随意满足而怠慢法度，才能更彰显出刑罚的威严。君主通过爵位奖赏以获得民众的爱戴，通过严刑峻法使得民众严格遵照法令做好事情。做到这两点，"制民"之道就可以畅行无阻。

二、"治国之举，贵令贫者富、富者贫"

既然民众是国家治理的核心主体，决定着国家的兴衰，那么政治家在治国实践中，就必须解决好民众利益与国家发展的关系问题。

---

① 蒋礼鸿撰：《商君书锥指》卷 2《说民第五》，第 35 页。
② 蒋礼鸿撰：《商君书锥指》卷 2《说民第五》，第 37 页。

应该说，商鞅是中国历史上治理民众卓有成效的一位大政治家，经过二十年的变法改革、移风易俗，商鞅在秦国实现了彻底性的、革命性的变革，秦国的社会结构发生了颠覆性的变化，秦人的价值取向与精神风貌也得到了一场全新的洗礼。商鞅将民众的注意力紧紧聚焦在农战与法治上面，用法度与实干改变了秦国的落后命运，进而改变了战国的走向、改变了中国历史的走向。

从历史上看，先秦诸子均重视经济问题，如管仲就有"衣食足而后知荣辱，仓廪实而后知礼节"之论。在治民主张上，儒家的代表人物孔子更是堪称典型，他十分重视对民众的治理，强调富民、使民、教民在治国理政中的重要性。

> 子贡问政，子曰："足食，足兵，民信之矣。"子贡曰："必不得已而去，于斯三者何先？"曰："去兵。"子贡曰："必不得已而去，于斯二者何先？"曰："去食。自古皆有死，民无信不立。"①

孔子认为，治理国家，应该在足食、足兵、民信三个方面下足功夫。在财富分配问题上，孔子反对贫富差距太大。"丘也闻有国有家者，不患贫而患不均，不患寡而患不安。盖均无贫，和无寡，安无倾。夫如是，故远人不服，则修文

---

① 程树德撰：《论语集释》卷 24《颜渊上》，第 840 页。

德以来之。既来之，则安之。"① 可见在治理民众问题上，孔子认为让民"心安"十分重要。"心安"的基础表现在经济利益上，就是国民之间的财富分配不应该相差过于悬殊。财富均匀，民众便会彼此和睦，统治者就不必担心政权有被倾覆的危险。由此可见，虽然商鞅治国摈弃儒家仁义礼乐主张，但在经济与政治的关系上，孔子主张先经济后政治，对待民众，先富而后教，商鞅这种治理思路是和孔子大同小异的。

商鞅治民的重点，集中体现在下面几个方面。

第一，治理民众，最重要的是处理好民众的实际利益与国家利益之间的平衡关系。在此问题上，商鞅采取了"治国之举，贵令贫者富、富者贫"的治理策略。

商鞅说：

> 民贫则弱，国富则淫，淫则有虱，有虱则弱。故贫者益之以刑，则富；富者损之以赏，则贫。治国之举，贵令贫者富、富者贫。贫者富，国强；富者贫，三官无虱。国久强而无虱者必王。②

商鞅认为，民众贫穷，就会使国家实力削弱；民众富裕，就会放荡奢侈，不遵从法令约束；民众放荡奢侈、怠慢法律，国家的统治就会削弱。故民贫，以刑督之力农，让其富。民

---

① 程树德撰：《论语集释》卷33《季氏》，第1138页。
② 蒋礼鸿撰：《商君书锥指》卷2《说民第五》，第38页。

富粟多者，使输粟得官爵，以杀其富。治国理政，就是运用剪刀差，使穷人富裕、富人贫穷，使民众在社会财富分配上不停地上下浮动，形成差别，但在总体上保持一个大致平衡稳定有序的状态。如此既可以调动民众的积极性，保持社会竞争的活力，又可以保持国家财富分配的均衡，从而借此保障社会的稳定，保证政府对民众的统治与国家财富的积累。

第二，商鞅认为，成功的国家治理，均衡民众的财富流动还远远不够，还需要做到"国不蓄力，家不积粟"[①]，对民众维持自身生存外的力量要加以使用，将民众多余的财富收归国家所有，"尽地力而致民死"[②]，从而保证国家富强目标的实现。

第三，"民贫而力富。"[③]从管理民众的角度看，民众贫穷，也正是治理国家者取得民众响应、从事改革的大好机会。只要改革有利于民众脱贫，民众就会支持与拥护政府的改革政策，这正好有助于政府建立威信，实施法治，使民众心悦诚服地听从政府驱使并与国家的富强目标步调一致。

第四，"国富而贫治。"[④]民众一旦富裕，就会产生如奢侈游荡、怠慢法令等新的社会问题。在这个时候，就要根据情况转变扶持政策，提倡节俭。或者让民众去积极参加对外战争，

[①] 蒋礼鸿撰：《商君书锥指》卷2《说民第五》，第39页。
[②] 蒋礼鸿撰：《商君书锥指》卷2《算地第六》，第45页。
[③] 蒋礼鸿撰：《商君书锥指》卷5《弱民第二十》，第122页。
[④] 蒋礼鸿撰：《商君书锥指》卷1《去强第四》，第27页。

或者让他们用粮食来捐取官爵，这样既可以使民众重新变穷，穷而思变，没有时间去奢侈游荡、怠慢法令，又可以使民众的财富变为国有，这就是所谓"重富"①，就是"国富而贫治"。

总之，商鞅治国，推行的是民贫国富的集中政策，用国家富足而使民众贫穷的方法来进行治理。"治国能令贫者富、富者贫，则国多力，多力者王"。治理国家者要懂得这样一个道理：民贫则国贫，民富而不归于上，国仍贫，且可能因为出现新的利益阶层而危害到国家的有效统治。故民贫不可，富亦不可矣。富强国家的策略，就是富民而贫民，转化民众财富为国家所有，做到国家"仓府两实"。②

三、"法令者，民之命也，为治之本也"

治民之道，贵在法令、名分、各种利益的制定与实施。《商君书·定分》对此有比较清楚的论述，文中说：

> 法令者，民之命也，为治之本也，所以备民也。为治而去法令，犹欲无饥而去食也，欲无寒而去衣也，欲东而西行也，其不几亦明矣。一兔走，百人逐之，非以兔为可分以

---

① 蒋礼鸿撰：《商君书锥指》卷1《去强第四》，第27页。
② 蒋礼鸿撰：《商君书锥指》卷1《去强第四》，第31、34页。

为百，由名之未定也。夫卖兔者满市，而盗不敢取，由名分已定也。故名分未定，尧、舜、禹、汤且皆如骛焉而逐之；名分已定，贪盗不取。今法令不明，其名不定，天下之人得议之。其议，人异而无定。人主为法于上，下民议之于下，是法令不定，以下为上也。此所谓名分之不定也。夫名分不定，尧、舜犹将皆折而奸之，而况众人乎？此令奸恶大起、人主夺威势、亡国灭社稷之道也。今先圣人为书而传之后世，必师受之，乃知所谓之名；不师受之，而人以其心意议之，至死不能知其名与其意。故圣人必为法令置官也，置吏也，为天下师，所以定名分也。名分定，则大诈贞信，巨盗愿悫，而各自治也。故夫名分定，势治之道也；名分不定，势乱之道也。故势治者不可乱，势乱者不可治。夫势乱而治之，愈乱；势治而治之，则治。故圣王治治不治乱。①

这段文字语言晦涩难懂，意思大致如下：

法令，是对民众的命令，是进行治理的根本措施，是用来治理民众的工具。治理国家而不依靠法令，就好像想不挨饿却抛弃了食物，想不受冻却丢掉了衣服，想到东方却往西走一样，无法达到目的。一只兔子在奔跑，却有一百个人去追逐，并不是因为这只兔子可以分成一百份，而是因为它的所属权还没有确定下来。相反，出售兔子的人挤满了市场，但人们不敢抢夺，这是由于兔子的所属关系已经确定的缘故。

---

① 蒋礼鸿撰：《商君书锥指》卷5《定分第二十六》，第144—146页。

因此，当事物归属权还没有确定的时候，就是尧、舜、禹、汤那样的贤君也都会像奔马似的去追逐它；而在名分已经确定之后，就是贪婪的盗贼也不敢公然夺取。法令不明确，名分不确定，天下的人就会无所适从，人们就会意见分歧。君主在上面制定了法令，臣民却在下面议论不休，这是法令不确定，让臣民代替君主议定法令的缘故啊。名分不确定，就是尧、舜那样的人，也都会卑鄙地去追求财物名利，更何况是一般的人呢？这是使邪恶盛行、君主被夺去威势、国家灭亡、政权覆灭的根本原因啊。从前圣人著书立说而传到后代，必须由老师讲授它，人们才懂得书中所说的内容以及概念；如果不是由老师讲授它，而是各人凭自己的想法去讨论它，那就到死也不能懂得书中的概念及其意义了。所以圣人必定法令置法官，设置法吏，让他们做天下人的老师，这是用来确定名分的最佳办法啊。一旦名分确定，那么就是大愚大奸也会老实本分，大盗贼也会谨慎诚实，约束自己而不敢去做违法乱纪的事情。法令明确、名分确定，国家才能安定；法令不明确、名分不确定，国家就会混乱无序。所以圣君治国，必须将重点放在法令的制定、名分的确定、各种规矩的养成上面。

由此可见，商鞅治民，主要集中在以下几点：

（1）治民之本，重在法令的制定与贯彻。"夫法者，民之治也。"[①]法令是治理民众的工具。

---

① 蒋礼鸿撰：《商君书锥指》卷5《六法》，第147页。

（2）官爵、名分、地位、财富所有权、人们的荣辱标准等等都必须通过法律制度明确规定统一下来。治理民众，不能依靠仁义道德，而是要依靠严刑峻法，将重点放在法令的制定、名分的确定、各种规矩的养成上面。

（3）法令、名分、秩序是治理国家成功者的必要手段。

（4）国家制定与推广法令，一定要照顾到全国绝大多数人，一定要明白易懂，让民众知道什么可以做，什么不可做，懂得违法乱纪的后果。

（5）法令名分关系到国家治理的成败，法令制度是消除"奸恶大起、人主夺威势、亡国灭社稷"①祸患，达到"天下大治"的最好办法与最佳途径。

进一步而言，商鞅以法治民的理论，还可以从下面几点进一步窥悟。

（1）古之明君错法而民无邪。"②

这是商鞅从总结历史经验角度而言的。

这里的"错"同措，是措施、实行的意思。商鞅认为，古代民众少有奸邪的行为，是英明君主实行了法治的缘故。

（2）"明王之所贵，惟爵其实，爵其实而荣显之。"③

这是针对治国者而言的。

---

① 蒋礼鸿撰：《商君书锥指》卷5《定分第二十六》，第145页。
② 蒋礼鸿撰：《商君书锥指》卷3《错法第九》，第63页。
③ 蒋礼鸿撰：《商君书锥指》卷3《错法第九》，第64页。

　　商鞅说："三王五霸，其所道不过爵禄。"① 统治者之所以能够役使与统治民众，其所依仗的就是爵位与官职。只要做到实事求是，按实封赏，民众就会心悦诚服。

　　"好恶者，赏罚之本也。夫人情好爵禄而恶刑罚，人君设二者以御民之志，而立所欲焉。"②

　　这是针对民众而言的。

　　爱好、厌恶、名利、欲望是人们与生俱来的天性，这是民众可以被统治的基础。

　　总之在商鞅的治理国家实践中，对民众的治理是他最核心的内容，他也将此视作他治国理政最重要的内容，曾亲言"王者得治民之至要，故不待赏赐而民亲上，不待爵禄而民从事，不待刑罚而民致死"③。政治家必须清楚地知道民众的本性，拥有治民的本领。不理解民众，就无法治理好国家。民众问题处理得当与否，直接关系到国家的强弱、统治者的安危。商鞅治民之道博大精深，本章只是从他"制民""胜民""弱民""贫民""富民""民之命""治本"等角度略加探讨。相信没有从政的经历，没有治国安邦的胸怀与志向，没有对政治与治理国家理论有系统的研究和理解，很难体会与通悟商鞅在治理民众方面的博大、精深与微妙。

---

　① 蒋礼鸿撰：《商君书锥指》卷 3《错法第九》，第 63 页。
　② 蒋礼鸿撰：《商君书锥指》卷 3《错法第九》，第 66 页。
　③ 蒋礼鸿撰：《商君书锥指》卷 1《农战第三》，第 25 页。

第七章　制度探索

——治理的根本出路要靠制度

　　"制度"一词最早见于《易经》一书。《易经》节卦中的象辞："天地节而四时成。节以制度，不伤财，不害民。"《左传·襄公二十八年》："且夫富，如布帛之有幅焉，为之制度，使无迁也。"《商君书·壹言》："凡将立国，制度不可不察也。"《汉书·严安传》："臣愿为民制度以防其淫。"汉语中"制"有节制、限制的意思，"度"有尺度、标准的意思，制度即规范人们行为的尺度，制度最一般的含义是大家共同遵守的办事规程或行动准则。大到国家、政党、团体，小到单位、个人，生存和发展都离不开一定的制度约束。制度具有规范性和稳定性。好的制度可以避免好人犯错误，让好人干好事、坏人不能干坏事。制度建设决定着国家的命运，治理国家，制度建设是重中之重。在制度建设方面，商鞅堪称后世治理国家者之典范。

一、"凡将立国，制度不可不察也"

对于制度建设在国家治理中的重要作用，商鞅是有充分认识的。

然而，制度建设从何处入手？哪些制度是成功治理的关键？制度的具体设计以及应该考虑的实施范围、应用效果等等，都是商鞅变法所必须解决的问题。在这方面，《商君书》多处都有所论述。本节仅以《商君书·壹言》篇为例加以剖析与说明。

《商君书·壹言》说：

> 凡将立国，制度不可不察也，治法不可不慎也，国务不可不谨也，事本不可不抟也。制度时，则国俗可化，而民从制；治法明，则官无邪；国务壹，则民应用；事本抟，则民喜农而乐战。夫圣人之立法、化俗，而使民朝夕从事于农也，不可不变。夫民之从事死制也，以上之设荣名、置赏罚之明也，不用辩说私门而功立矣。故民之喜农而乐战也，见上之尊农战之士，而下辩说技艺之民，而贱游学之人也。故民壹务，其家必富，而身显于国。上开公利而塞私门，以致民力；私劳不显于国，私门不请于君。若此，而功臣劝，则上令行而荒草辟，淫民止而奸无萌。治国能抟民力而壹民务者，强；能事本而禁末者，富。①

---

① 蒋礼鸿撰：《商君书锥指》卷3《壹言第八》，第59—60页。

　　商鞅认为，治理国家，对于制度，不能不仔细审察设立；对于政策法令，不能不慎重对待实施；对于国家的政务，不能不严谨处理做好；对于变法事业的根本，不能不采取集中专一的手段。制度适合时势，国家的风俗就能变好，而民众就会遵从制度；政策法令明确，官吏就没有腐败的空间；国家的政务统一到农战上面，民众就会听从驱使；赏罚二柄运用得当，那么民众就会喜欢务农而乐意作战。治理国家要依靠制度法治来约束民众，移风易俗，使民众将精力都集中到"农战"的上面，这是保证治理成功的最根本要素。从民众角度看，民众之所以致力于国家富强的事业、为了遵从国家的法制而不惜牺牲自己的私利，是因为君主设立的荣誉称号、设置的赏罚制度都很明确得力，人们用不着巧辩谈说，也不必依靠权贵私门就能建立功业。民众喜农而乐战，是因为看到政府所制定的制度都倾向于奖励"农战"而打击排斥对"农战"不利的游说者、商人与工业者。

　　总结商鞅上述言论，可以知道：

　　第一，他是知道制度建设在国家治理中的重要性的。

　　第二，制度之设，是要通过制度建设来立法、化俗，达到民众服从响应的效果的。

　　第三，制度建设要围绕治理目标来推进。

　　第四，治理国家的关键是"农战"。既然变法的目标是国家富强，制度建设就要围绕"农战"这个战略核心问题来展开。

《商君书·壹言》接着又说：

> 夫圣人之治国也，能抟力，能杀力。制度察则民力抟，
> 抟而不化则不行，行而无富则生乱。故治国者，其抟力也，
> 以富国强兵也；其杀力也，以事敌劝民也，夫开而不塞，则
> 短长；长而不攻，则有奸。塞而不开，则民浑；浑而不用，
> 则力多；力多而不攻，则有奸虱。故抟力以壹务也，杀力以
> 攻敌也。治国者贵民壹，民壹则朴，朴则农，农则易勤，勤
> 则富。富者废之以爵，不淫；淫者废之以刑，而务农。故能
> 抟力而不能用者必乱，能杀力而不能抟者必亡。故明君知齐
> 二者，其国强；不知齐二者，其国削。[1]

治理国家有很多办法，既能够集中民众的力量，又要能消耗民众的力量，这是其中一种切实可行的途径。制度明白清楚，民众就能集中。集中民众的力量是为了实现国家富强。而要实现国家富强，就应该建立一整套保障"农战"畅通无阻的制度，通过"赏罚"的法度实施一系列有效的民心工程。治国者，要懂得集中民众的力量，用它来富国强兵；还要通晓消耗民众的力量的办法，例如将民众多余的财富通过出售官爵来集中到国家的手中，用激励的办法将民众的多余精力转化到为国家作战上面；等等。相反，对于偷懒耍滑，不用心于"农战"之徒，国家要用严刑峻法来打击与消灭这种削弱国力的祸患。

---

[1] 蒋礼鸿撰：《商君书锥指》卷3《壹言第八》，第60—61页。

因此治理国家，贵在使民众专心一致。民众专心一致就会朴实，朴实就肯务农，务农就容易勤劳，勤劳就能富裕。对于富人，则用出粮捐取爵位等方法来消耗他们的财富，用刑罚来禁止他们游荡无为，不给他们游手好闲的机会。

由此可见，在国家治理中，商鞅特别重视与强调制度法令的地位和作用，要求治理国家者一定要懂得二者的调剂，从而保障国家的强盛，防止国家的削弱。

第一，商鞅认为，制度法令，要围绕集中民力与使用民力来建设。

第二，制度法令要让民众清楚明白，才能够集中民众的力量。

第三，制度设计既要考虑到集中民力、保障"农战"的顺利，又要让民众在"农战"中满足他们所需要的实际利益。

第四，制度设计不仅要奖赏为国家立功者，还要具有严厉打击一切不符合国家利益行为的威力。

《商君书·壹言》最后说：

> 夫民之不治者，君道卑也；法之不明者，君长乱也。故明君不道卑、不长乱也；秉权而立，垂法而治，以得奸于上，而官无不；赏罚断，而器用有度。若此，则国制明而民力竭，上爵尊而伦徒举。今世主皆欲治民，而助之以乱；非乐以为乱也，安其故而不窥于时也。是上法古而得其塞，下修令而不时移，而不明世俗之变，不察治民之情，故多赏以致刑，轻刑以去赏。夫上设刑而民不服，赏匮而奸益多。

故民之于上也，先刑而后赏。故圣人之为国也，不法古，不修今，因世而为之治，度俗而为之法。故法不察民之情而立之，则不成；治宜于时而行之，则不干。故圣王之治也，慎为、察务，归心于壹而已矣。①

民众没有治理好，是因为政府不禁止卑鄙的行为；法令不严明，是因为君主助长了动乱的因素。所以英明的君主不放任任何卑鄙的行为、不助长任何动乱的因素；治国者掌握大权而处在上位，用制度法令来统治臣民，就能高高在上却及时得知各方面的情况，官吏也就不敢再有邪恶的念头和行为。制度明确，统治者才能充分利用民众的力量，用爵位赏罚治理好国家。因此贤明者治理国家，既不效法古代治术，又不拘守现状，而是根据社会实际情况来制定、合适的政策，考虑民情习俗来建立有效的法律制度。

第一，在商鞅看来，民众治理的好坏，取决于统治者所制定的法律制度妥当与否。君主能够用合理的制度禁止臣民一切不正当的言行，用严明的法令打击一切不法者的行为，做到令行禁止，国家的富强之路才不会被打断。

第二，对于制度建设，要"不法古，不修今，因时而为之治"②。对于法律制度，如果不考察民众的实际情况而建立它，

---

① 蒋礼鸿撰：《商君书锥指》卷3《壹言第八》，第61—62页。
② 蒋礼鸿撰：《商君书锥指》卷2《开塞第七》，第53页。

那就不会成功；只有谨慎地采取措施、仔细地考察时务，把心思都集中到国家富强的事业上，顺应时代的实际情况与民众的客观需要来制定推行各项法律制度，国家治理才能成功。

二、"圣人列贵贱，制爵位，立名号"

商鞅治国，直言制度、法律对于维护君主权位的必要性。他不是单纯依靠个人政治智慧和管理能力来治理国家、约束臣民，而是依赖建立明确君臣上下之分的规则制度来作为其施政的保障。

第一，以制度治国是商鞅总结历史经验的结果。

商鞅说：

> 古者未有君臣、上下之时，民乱而不治。是以圣人列贵贱，制爵位，立名号，以别君臣上下之义。地广，民众，万物多，故分五官而守之。民众而奸邪生，故立法制、为度量以禁之。是故有君臣之义、五官之分、法制之禁，不可不慎也。①

商鞅认为，远古时代还没有君主和臣民、上级和下属之间等级区分的时候，民众混乱而没有秩序。因此圣人分别贵

---

① 蒋礼鸿撰：《商君书锥指》卷5《君臣第二十三》，第129页。

贱，制定爵位，确立名分称号，用来区别君主和臣民、上级和下属的等级从属关系。由于土地辽阔，人口众多，各种事情繁杂，所以分设司徒、司马、司空、司寇、司事五种官职来进行管理。因为人口众多而奸诈邪恶的事发生，所以建立法律制度、制作尺度量器来加以禁止。由此看来，君臣之义、官职的分工、法律制度的约束，都是有国家以来统治者不能不慎重对待的大事啊。

第二，商鞅认为，统治者的政治地位与治理国家都要依赖制度法律的严明落实来实现。离开了法令制度，统治者的地位与权威无法保障，哪里还谈得上去治理好国家。

商鞅说：

> 处君位而令不行则危；五官分而无常则乱；法制设而私善行，则民不畏刑。君尊则令行，官修则有常事，法制明则民畏刑。法制不明，而求民之行令也，不可得也。民不从令，而求君之尊也，虽尧、舜之知不能以治。[①]

商鞅认为，处在国君的地位而自己的命令不能够被贯彻执行，那就危险了；五种官职分工了而没有法规作保障，那就混乱了；法律制度建立了而不依法办事的情况还通行，那么民众就会不害怕刑罚。君主尊严，是靠令行禁止；官吏整

---

① 蒋礼鸿撰：《商君书锥指》卷 5《君臣第二十三》，第 129—130 页。

饬，才会有依法办理的政事；法律制度严明，民众才会害怕刑罚而遵守国家的法令制度。法律制度不严明，而要求民众执行君主的命令，那是不可能的。民众不听从君主的命令，而想求得君主的尊严，即使有尧、舜那样的智慧，也是不能达到目的的。

第三，商鞅认为，只有"缘法而治，按功而赏"，才能有效地调动民众的积极性，从而治理好国家。

商鞅说：

> 明主之治天下也，缘法而治，按功而赏。凡民之所疾战不避死者，以求爵禄也。明君之治国也，士有斩首捕虏之功，必其爵足荣也，禄足食也；农不离廛者，足以养二亲，治军事。故军士死节，而农民不偷也。①

英明的统治者成功治理国家，一定是有效地运用了法令制度，根据法令制度来处理政事，按照功劳大小来实施奖赏。民众作战而不避死亡，从事农耕而不偷懒，大都是为了取得爵位俸禄。明君治理国家时，要充分考察民众的需要，制定合理的法令制度，战士有得敌人首级、擒获俘虏的功劳，一定要使他们获得足够荣耀的爵位，得到足够食用的俸禄；农民不离开乡里积极从事农耕的，就用奖励的手段使他们得到

---

① 蒋礼鸿撰：《商君书锥指》卷5《君臣第二十三》，第130—131页。

赡养父母双亲、研习武事的酬劳。治国理政者只有严格恪守法令制度，才能实现国家富强、君主尊严、将士死节、农民勤耕。

第四，商鞅强调治理国家者一定要"慎法制"，在实践中以法律制度为准绳，严格按照法律制度办事。

商鞅强调：

> 故明主慎法制。言不中法者，不听也；行不中法者，不高也；事不中法者，不为也。言中法，则辩之；行中法，则高之；事中法，则为之。故国治而地广，兵强而主尊，此治之至也。人君者不可不察也。①

英明的君主在治理国家时一定审慎制定与实施法律制度。言论不符合法制的，就不听从；行为不符合法制的，就不推崇；事情不符合法制的，就不做。言论符合法制的，就听从；行为符合法制的，就推崇；事情符合法制的，就推行。非如此，国家就不能治理得好，国土不能扩展，兵力不能强大、君主尊严不能得到维护。因此，治理国家者不可不审慎制定与运用好法令之治啊。

---

① 蒋礼鸿撰：《商君书锥指》卷5《君臣第二十三》，第131—132页。

三、以军功爵位制为核心的制度建设

商鞅变法，以军功爵位制为核心，人们通过立功可以改变社会身份，改变等级地位。社会阶层之间法定的流动性对激发秦人的生产积极性与战斗力起到了不可估量的作用。尤其是商鞅十分重视下层民众的军功爵位，这使得军功爵制的激励作用就显得格外突出。探讨商鞅变法时推行的政治、军事制度及其相关的措施，对于研究秦国的崛起，从中探讨治理国家的历史经验教训，无疑具有非常重要的价值。

1. 户口登记制度

四境之内，丈夫女子皆有名于上，生者著，死者削①。

凡在国境之内，所有的男人女人在官府的户籍簿上都要登有名字，生下来的就写上，死去的就除掉。

2. 家臣服役制度

其有爵者乞无爵者以为庶子，级乞一人。其无役事也，其庶子役其大夫月六日；其役事也，随而养之军。②

① 蒋礼鸿撰：《商君书锥指》卷5《境内第十九》，第114页。
② 蒋礼鸿撰：《商君书锥指》卷5《境内第十九》，第114页。

那些有爵位的人可以向国家申请让没有爵位的人做自己的家臣，有一级爵位就可以申请一个家臣。如果没有战争，那家臣就给自己的主人每月服役六天；如果碰上战争，家臣就必须随军随时为主人服务。

3. 军队奖惩制度

> 爵自一级已下至小夫，命曰校、徒、操，出公；爵自二级已上至不更，命曰卒。其战也，五人来簿为伍，一人羽而轻其四人，能人得一首则复。夫劳爵，其县过三日有不致士大夫劳爵，能。五人一屯长，百人一将。其战，百将、屯长不得，斩首；得三十三首以上，盈论，百将、屯长赐爵一级。[①]

商鞅变法，按照军功授爵，将秦国的爵位分为二十等级，从拥有第一级爵位的人以下到小夫，称为校、徒、操，开头的第一级爵位是公士；从拥有第二级爵位的人以上到不更，任命为卒。在作战时，每五人编在一个名册上组成伍，如果其中只有一个人能插上鸟羽冲锋在前，那就降低其余四个人的地位和待遇；如果这四个人能每人斩得敌人的一颗首级，那就恢复他们的地位和待遇。五个人设置一个屯长，一百个人设置一个将官。作战时，这统领百人的将官及屯长所率领的队伍如果没有得到敌人的首级，那就杀掉这将官、屯长的头；如果他们的

---

① 蒋礼鸿撰：《商君书锥指》卷 5《境内第十九》，第 114—115 页。

队伍杀得敌人首级在三十三个以上，就达到了朝廷议定的标准，那就给这统领百人的将官和屯长赏赐爵位一级。

4. 爵位晋升制度

> 五百主，短兵五十人；二五百主，将之主，短兵百。千石之令，短兵百人；八百之令，短兵八十人；七百之令，短兵七十人；六百之令，短兵六十人。国封尉，短兵千人。将，短兵四千人。战及死吏，而轻短兵，能一首则优。能攻城围邑斩首八千已上，则盈论；野战斩首二千，则盈论；吏自操及校以上大将尽赏。行间之吏也，故爵公士也，就为上造也；故爵上造，就为簪袅；就为不更；故爵为大夫。爵吏而为县尉，则赐虏六，加五千六百。爵大夫而为国治，就为大夫；故爵大夫，就为公大夫；就为公乘；就为五大夫，则税邑三百家。故爵五大夫，皆有赐邑三百家，有赐税三百家。爵五大夫，有税邑六百家者，受客。大将、御、参皆赐爵三级。故客卿相，论盈，就正卿。就为大庶长；故大庶长，就为左更；故四更也，就为大良造。[①]

统领五百人的长官，配置执持刀剑等短兵器的军士五十人；统领一千人的长官，是统率将官的长官，配置带短兵器的军士一百人。一年俸禄为一千石粮食的县令，配置带短兵器的军士一百人；俸禄为八百石粮食的县令，配置带短兵器

---

① 蒋礼鸿撰：《商君书锥指》卷 5《境内第十九》，第 115—118 页。

的军士八十人；俸禄为七百石粮食的县令，配置带短兵器的军士七十人；俸禄为六百石粮食的县令，配置带短兵器的卫兵六十人。"国尉"或"邦尉"，秦官、掌军事，配置带短兵器的军士一千人。大将，配置带短兵器的军士四千人。战争中如果死了官吏，那就降低其军士的待遇，如果谁能斩得敌人的一颗首级，那就优待他。大将所率领的队伍，如果能够在进攻城市和包围城镇的战斗中斩得敌人首级八千以上，那就达到了朝廷议定的标准；或者能在野外的战斗中斩得敌人首级二千，那也就达到了朝廷议定的标准；这样，官吏从操、校以上到大将都受到奖赏。军队中的官吏，原来的爵位是公士，升为上造；原来的爵位是上造，升为簪袅；原来的爵位是簪袅，升为不更；原来的爵位是不更，升为大夫。受爵的官吏如果当了县尉，那就赏给他六个奴隶，再外加五千六百个钱。原来的爵位是大夫而又在政府机构中为国家管理某一种政务的，升为官大夫；原来的爵位是官大夫，升为公大夫；原来的爵位是公大夫，升为公乘；原来的爵位是公乘，升为五大夫，并赏给他三百户人家的封邑。原来的爵位是五大夫，升为左、右庶长；原来的爵位是左、右庶长，升为左更；原来的左更、中更、右更这三更，升为大上造；他们都拥有受赏的封邑三百家，再拥有受赏的税收对象三百家。原来的爵位是五大夫，当他有了六百户人家的收取租税的封邑，那就可以收养门客。大将及其驾车人、车右的陪乘者都赏给爵位三级。客卿帮助谋划军事，如果他的意见圆满成功，就升为正卿。

5.军功考核制度

> 以战，故暴首三，乃校三日，将军以不疑致士大夫劳爵。其县四尉，訾由丞尉。[①]

因为战争而被杀死的敌人，把他们的首级摆出来陈列三次，然后再加以核对，三天之内，将军按照没有疑问的核对结果把与功劳相称的爵位赏给士大夫。如果县里过了三天还没有把与功劳相称的爵位赏给士大夫，那就罢免那县里的四个尉官，对他们的处罚由县丞、县尉来执行。

> 能得爵首一者，赏爵一级，益田一顷，益宅九亩，一除庶子一人，乃得人兵官之吏。[②]

谁能斩得敌军中有爵位者的首级一颗，就赏给他爵位一级，再增赐田地一顷，增赐住宅地九亩，同时又给他家臣一个，并能充当军队或地方官府中的官吏。

> 其狱法，高爵訾下爵级。高爵能，无给有爵人隶仆。爵自二级以上，有刑罪则贬。爵自一级以下，有刑罪则已。[③]

---

① 蒋礼鸿撰：《商君书锥指》卷5《境内第十九》，第119页。
② 蒋礼鸿撰：《商君书锥指》卷5《境内第十九》，第119页。
③ 蒋礼鸿撰：《商君书锥指》卷5《境内第十九》，第120页。

　　处理犯罪事件的法律规定，由爵位高的人来处罚爵位低、级别低的人。爵位高的人如果被罢免，就不再给他提供有爵位的人本应拥有的奴仆。爵位是二级以上的，如果犯了刑法中规定的罪，就降低他的爵位等级。爵位是一级以下的，如果犯了刑法中规定的罪，就取消他的爵位。

　　6. 丧葬制度

　　　　小夫死，以上至大夫，其官级一等，其墓树级一树。①

　　小夫死了，往上直到大夫，他的官职每高一级，他坟上的树就按级多种一棵。

　　7. 攻城制度

　　　　其攻城围邑也，国司空訾其城之广厚之数。国尉分地，以徒、校分积尺而攻之，为期，曰："先已者当为最启，后已者訾为最殿。再訾则废。"内通则积薪，积薪则燔柱。陷队之士，面十八人。陷队之士，知疾斗，不得，斩首；队五人，则陷队之士，人赐爵一级；死，则一人后；不能死之，千人环，规谏，黥劓于城下。国尉分地，以中卒随之。将军为木壹，与国正监与王御史参望之。其先入者，举为最启；其后入者，举为最殿。其陷队也，尽其几者；几者不足，乃以欲级益之。②

　　---

　　① 蒋礼鸿撰：《商君书锥指》卷 5《境内第十九》，第 120 页。
　　② 蒋礼鸿撰：《商君书锥指》卷 5《境内第十九》，第 120—121 页。

在进攻城市和包围城镇时，国司空先估量计算城墙的宽度、厚度。然后太尉划分地段，让徒、校各分得若干立方尺来挖掘，并约定好日期，告诉他们说："先完成任务的就评为最先进，后完成任务的就贬责为最落后。受到两次贬责的，就要被罢免。"当他们在土内挖到城墙底下的时候就堆起柴草，堆起柴草后就放火焚烧城墙底下的木桩。冲锋陷阵的敢死队的队长们，在每一个要攻打的方面都各自带领十八个战士。敢死队的队长，要知道奋勇地战斗，如果他带领的队伍没有得到敌人的首级，那就杀他的头；如果哪一个队能杀掉五个敌人，那么这敢死队每人可受赐爵位一级；如果有人在战斗中战死，那就由他家里的一个人来继承他的爵位；如果有谁不能为君主拼死杀敌，那就在上千人面前车裂；如果有人劝阻，那就在城下对他使用刺面涂墨、割鼻子的刑罚。太尉划分进攻地段后，让中军的卒官带领队伍跟随冲锋陷阵的敢死队攻进城去。将军叫人搭起木台，和国家的正监以及国君派来的御史一起在木台上瞭望战斗情况。那些先进入城里的，就记作最先进；那些后进入城里的，就记作最落后。冲锋陷阵的敢死队，全是由那些心甘情愿、不怕牺牲的人所组成；如果自愿的人不够，就用那些想晋级的人来补充。

第八章　治法三要

——高扬治理的权杖

　　商鞅之"法治"，不同于学界一般意义上之"法治"。商鞅是一位政治改革家。他的"法治"不是为了学派思想的争锋，而是着眼于现实国家治理的实践。商鞅理政，"据法而治"，"言不中法者不听也，行不中法者不高也，事不中法者不为也"。其目标是建立君主集权政体，用超血缘的法律制度取代宗法礼制来管理国家，实现富国强兵进而统一天下；其手段是用赏罚二柄保证"农战"的顺利进行，用教化使得民众遵守法律、移风易俗。

　　商鞅治国，"法""术""势"俱备。不过，商鞅治理秦国，虽然"法""术""势"兼用，但明显偏重于用"法"，"法"是他治理国家时所使用的利器。他的法治理论与实践主要集中在"壹刑""壹赏""壹教"等方面。

一、"壹刑则令行"

　　商鞅治国，以"定法"为要，贵在"壹刑"，贵在"任法"①。

　　首先，为何"定法"？商鞅指出："法者所以爱民也。"②国家设立法度，是用来爱护民众的。

　　其次，为何"壹刑"？为何"任法"？

　　再次，如何"壹刑"？如何"任法"？

　　对此，商鞅都有着自己的考量与运用。

　　第一，商鞅认为，成功的国家治理，一定要靠"壹刑""任法"来作为保障。

　　商鞅强调，只有统一刑罚制度，治理国家者才能做到令行禁止。"圣人之为国也……壹刑则令行。"③智慧的人治国理政，一定会统一刑罚，令出一孔；只有统一刑罚，令出一孔，国家的法令制度才能真正地得到认真贯彻执行。

---

① 蒋礼鸿撰：《商君书锥指》卷 3《权修第十四》，第 82 页。

② 蒋礼鸿撰：《商君书锥指》卷 1《更法第一》，第 3 页。

③ 蒋礼鸿撰：《商君书锥指》卷 4《赏刑第十七》，第 96 页。

第二，定分尚公是商鞅"壹刑"的理论主旨。

商鞅立法行法，其出发点是治理国家，是为了秦国富国强兵，一切为了国家利益。商鞅认为，历史上的圣君，都是公私"分明"，公高于私，这是立法化俗的历史依据。商鞅说：

> 尧、舜之位天下也，非私天下之利也，为天下位天下也；论贤举能而传焉，非疏父子亲越人也，明于治乱之道也。故三王以义亲，五霸以法正诸侯，皆非私天下之利也，为天下治天下。是故擅其名而有其功，天下乐其政，而莫之能伤也。今乱世之君臣，区区然皆擅一国之利而管一官之重，以便其私，此国之所以危也。故公私之交，存亡之本也。[①]

商鞅指出，尧、舜统治天下，并不是把天下的利益据为己有，而是为天下的人治理天下；他们选择提拔贤能的人而把天下传给他们，并不是疏远自己的儿子而亲近关系疏远的人，而是明白了治和乱的道理。三王用道义来爱护天下的人，五霸用法度来匡正诸侯，都不是把天下的利益据为己有，而是为天下的人治理天下。所以他们才会享有那样的盛名而取得了功业，天下的人都喜欢他们的政策，就没有人能够伤害他们。然而现在世道混乱，私利公行，制度不明，法令不行，这是国家衰弱危亡的原因，治国者不可不深察也。

---

① 蒋礼鸿撰：《商君书锥指》卷 3《权修第十四》，第 84 页。

　　商鞅明确主张定分尚公，治国理政应该把法和公置于首位。商鞅认为，法不同于势，势由君主独据，而法则应该由君臣"共操"①"名分定，则大诈贞信，巨盗愿悫。""名分定，势治之道也；名分不定，势乱之道也。"②"是故先王知自议誉私之不可任也，故立法明分，中程者赏之，毁公者诛之。赏诛之法，不失其议，故民不争。"③

　　第三，商鞅认为，法无等级，适用于国内各阶层，一旦实施，无论贵贱都得遵守。

　　商鞅在秦国变法改革中深刻体会到："法之不行，自上犯之。"④为了变法能够成功，他不仅要求各级官吏遵纪守法，甚至要求君主带头遵守，"言不中法者不听也，行不中法者不高也，事不中法者不为也"⑤。商鞅说："所谓壹刑者，刑无等级：自卿相、将军以至大夫、庶人，有不从王令、犯国禁、乱上制者，罪死不赦。有功于前，有败于后，不为损刑。有善于前，有过于后，不为亏法。"⑥在商鞅看来，"刑无等级"。"壹刑"，就是不论亲疏贵贱，地位高低，不论过去有无功劳，只要犯了罪，一律加以查处，一律施与重刑，并且株

　　① 蒋礼鸿撰：《商君书锥指》卷 3《权修第十四》，第 82 页。
　　② 蒋礼鸿撰：《商君书锥指》卷 5《定分第二十六》，第 146 页。
　　③ 蒋礼鸿撰：《商君书锥指》卷 3《权修第十四》，第 83 页。
　　④ （汉）司马迁：《史记》卷 68《商君列传》，第 2231 页。
　　⑤ 蒋礼鸿撰：《商君书锥指》卷 5《君臣第二十三》，第 131 页。
　　⑥ 蒋礼鸿撰：《商君书锥指》卷 4《赏刑第十七》，第 100—101 页。

连治罪。这样，人们就不敢以身试法，刑罚也就无处可施，也就可以达到"无刑"的境界。

第四，商鞅治国以主张重刑著称。

商鞅曾言：

> 禁奸止过莫若重刑。①

在这里，商鞅"重刑"有特定的含义：一是与"赏"相对，在数量上应该"刑多而赏少"，只赏有功于农战、告奸者，反对滥赏。二是加重轻罪的刑罚，以达到"以刑去刑，刑去事成"②的效果。商鞅反对重罪轻判，也反对罪刑相称。他说：

> 忠臣孝子有过，必以其数断。守法守职之吏有不行王法者，罪死不赦，刑及三族。周官之人，知而讦之上者，自免于罪，无贵贱，尸袭其官长之官爵田禄。故曰：重刑，连其罪，则民不敢试。民不敢试，故无刑也。夫先王之禁，刺杀，断人之足，黥人之面，非求伤民也，以禁奸止过也。故禁奸止过，莫若重刑。刑重而必得，则民不敢试，故国无刑民。国无刑民，故曰：明刑不戮。③

---

① 蒋礼鸿撰：《商君书锥指》卷4《赏刑第十七》，第101页。
② 蒋礼鸿撰：《商君书锥指》卷3《勒令第十三》，第82页。
③ 蒋礼鸿撰：《商君书锥指》卷4《赏刑第十七》，第100—101页。

二、"壹赏则兵无敌"

商鞅法治，是"赏""刑"二者并用，如鸟之两翼，车之二轮，而非纯任刑罚，也不是纯任德教、用"赏"驭下。

商鞅的"壹赏"，可以从《商君书·赏刑》篇中详见其主张：

> 所谓壹赏者，利禄官爵抟出于兵，无有异施也。夫固知愚、贵贱、勇怯、贤不肖，皆尽其胸臆之知，竭其股肱之力，出死而为上用也；天下豪杰贤良从之如流水；是故兵无敌而令行于天下。万乘之国不敢苏其兵中原；千乘之国不敢捍城。万乘之国，若有苏其兵中原者，战将覆其军。千乘之国，若有捍城者，攻将凌其城。战必覆人之军，攻必凌人之城，尽城而有之，尽宾而致之，虽厚庆赏，何费匮之有矣？昔汤封于赞茅，文王封于岐周，方百里。汤与桀战于鸣条之野，武王与纣战于牧野之中，大破九军，卒裂土封诸侯，士卒坐陈者，里有书社。车休息不乘，纵马华山之阳，纵牛于农泽，纵之老而不收。此汤、武之赏也。故曰：赞茅、岐周之粟，以赏天下之人，不人得一升；以其钱赏天下之人，不人得一钱。故曰：百里之君，而封侯其臣，大其旧；自士卒坐陈者，里有书社；赏之所加，宽于牛马者；何也？善因天下之货以赏天下之人。故曰：明赏不费。汤、武既破桀、纣，海内无害，天下大定，筑五库，藏五兵，偃武事，行文教，倒载干戈，搢笏，作为乐，以申其德。当此时也，赏禄

不行，而民整齐。故曰：明赏之犹至于无赏也。[1]

从上述这段资料中，我们可以看到：

第一，商鞅所谓"壹赏"，就是国家的利禄官爵只能根据战功大小依据法律制度来赏赐，而不能通过别的途径来取得。

第二，农民勤耕，将士死战的动力、程度皆来源于"壹赏"，也就是取决于国家的利禄官爵的优厚程度。

第三，昔日商汤、周文王、武王之所以能够立国，并且做到了从小到大、从弱到强的发展，是因为他们都善于利用天下的财富来奖励天下的人。因为这样，民众才会"出死而为上用"。

第四，"壹赏"是为了"无赏"。君主能"因天下之货以赏天下之人"，即使厚赏，也不会消耗自己的财富，而平定天下后，又无须再进行战争，也就无须再进行奖赏，这也就达到了"无赏"的境界。

第五，商鞅主张"轻赏"。治国理政者制定法度，一定要深究民众内心深处的秉性，做到"物以稀为贵"，在治理上实行"轻赏"。君主之尊严，在于手中掌握有"刑赏"二柄。政府之权威，在于自己的公信力的维持。而国家的官职与爵位有限，人们又欲壑难填，唯有"轻赏重罚"，才能让民众感觉到获取"赏赐"的不易以及对严刑峻法的恐惧。

---

① 蒋礼鸿撰：《商君书锥指》卷4《赏刑第十七》，第96—100页。

三、"壹教则下听上"

"壹教"就是用国家"刑""赏""农战"的法令制度来统一管理与教化民众。

第一，商鞅认为："壹教则下听上。"[1]

对臣民用统一的法令制度进行教化，用"农战"教，用"法度"教，迫使他们形成新的价值理念，以君主的要求为自己的要求，以政府的法令为自己的法令，只有用统一的法令制度对民众进行教化，民众才会听从君主的领导与驱使。

第二，商鞅认为："民之欲富贵也，共阖棺而后止，而富贵之门必出于兵。"[2]

商鞅说："善为国者，其教民也，皆作壹而得官爵，是故不官不爵。"[3]"富贵之门必出于兵""彼能战者践富贵之门。"[4]即是商鞅独具特色的"壹教"政策。因为趋利避害是人的天性，所以商鞅在治理秦国时很注意利用民众的这种天性，"因势而利导"，以鼓励"富贵"的政策，将民众的注意力引向"农战"的道路与实践。

第三，商鞅治国，只主张以"农战"作为教化之本而反

---

① 蒋礼鸿撰：《商君书锥指》卷4《赏刑第十七》，第96页。
② 蒋礼鸿撰：《商君书锥指》卷4《赏刑第十七》，第105页。
③ 蒋礼鸿撰：《商君书锥指》卷1《农战第三》，第20页。
④ 蒋礼鸿撰：《商君书锥指》卷4《赏刑第十七》，第105页。

对其他的途径。

"所谓壹教者，博闻、辩慧、信廉、礼乐、修行、群党、任誉、清浊，不可以富贵，不可以评刑，不可独立私议以陈其上。坚者被，锐者挫。虽曰圣知、巧佞、厚朴，则不能以非功罔上利。然富贵之门，要存战而已矣。""壹教"必须以"富贵"来教化；"富贵"只能出于"农战一门"。对于那些"博闻、辩慧、信廉、礼乐、修行、群党、任誉、清浊"不合于农战政策者，则坚决杜绝其富贵的门径，"不可以富贵，不可以评刑，不可独立私议以陈其上"。①

第四，商鞅认为，"壹教"之行，法要"明"，要公之于众，使"天下之吏民无不知法者"。②

战国中期，经过商鞅改革的秦法，其公开程度与公正、公平程度在当时战国七雄中为最高，代表了当时立法行法的最高水平。商鞅变法的内容都是公开的，执法是公正的、公平的，除了秦太子没有因为违法而被直接处罚外，秦国无人可以超越在法律之上，这是商鞅对国家公信力的最大维护。商鞅变法，法令制度一旦制定，就要"使天下之吏民皆明知而用之"。只有做到人人知法，"吏不敢以非法遇民，民不敢犯法以干法官也"。不管是谁，虽有聪明口辩，"不能开一言

---

① 蒋礼鸿撰：《商君书锥指》卷4《赏刑第十七》，第104—105、105页。

② 蒋礼鸿撰：《商君书锥指》卷5《定分第二十六》，第144页。

以枉法；虽有千金，不能以用一铢"①，行贿败法。

第五，"置主法之吏，以为天下师"②是商鞅所开辟的"壹教"途径。

商鞅不但主张明"法"，而且还唯恐百姓不明白法律，而设立解释法律的法官制度。

商鞅确信法治是道德的基础和前提，而法令必须公开、公正而且明白易知。为了使民众更好地知法、守法，商鞅规定以法吏为师，为民众解释法令，让民众清楚何者当为、何者不当为，从而达到减少违法处罚的目的。"故圣人为法，必使之明白易知，名正，愚知遍能知之；为置法官，置主法之吏，以为天下师，令万民无陷于险危……故天下大治也。"③商鞅不遗余力地探索治国之道，为了达到天下大治的目的，他设置法官，公开法律，解答法律问题，使天下人都知道自己在法律中的位置、名分。他相信民众一旦对各自的地位、权责清楚明白，触犯法度的人就会逐渐减少，最终达到有刑法但是无犯法者的理想的治理境界。从彻底公开法律到用专业法吏来为民众解释法律，用以保障法律的贯彻与执行，这是中国古代政治一个飞跃式的进步，秦人尊法的风俗也是在商鞅变法之后才扎根结果的。

---

① 蒋礼鸿撰：《商君书锥指》卷5《定分第二十六》，第139、144、144页。
② 蒋礼鸿撰：《商君书锥指》卷5《定分第二十六》，第146页。
③ 蒋礼鸿撰：《商君书锥指》卷5《定分第二十六》，第146页。

第九章　治者三宝

——国之所以治者三：法信权

国家之所以能够治理得好，是因为执政者依靠了法度、信用与权力三宝。治理国家者必须重视规则、讲究规则、遵守规则、运用规则。权力是统治者成就大业的基础，执政者要独掌大权，但同时应该守法、守信，为公去私。执政者只有守法、守信才能更加有效地运用权力。权力是治国理政者的根本，法与信构成权力的左右两翼。法信权三者相互制衡，法与信防止权力的私用滥用，同时又反过来巩固权力。商鞅第一次明确地提出了政治的关键是权力，同时又强调法与信、强调统治者为天下治天下的公心在施政过程中的重要性。商鞅认为，"法信权"是治理国家者的掌中三宝，为了保障国家治理的顺利与成功，一定要在施政过程中谨慎、充分、娴熟地对此加以运用。

一、"法者，君臣之所共操也"

在《商君书》中，以法治国是商鞅谈论治国理政的一个重点，书中各章节几乎都反复有所论及。显然，对于法度在治理国家中的重要性，商鞅是十分清楚的。商鞅是一个现实感极强的"法治"主义者，对"法治"有着超乎常人的执着和宗教般的情怀。他深信法度在国家治理中的威力与重要性，在治理秦国时采取强制的方式，要求各阶层人们严格遵守新法，希望通过法律规范民众、引导民众、调动民众，通过刑罚达到"以刑去刑"的理想状态。

第一，商鞅认为，法度是国家治理成功与否的风向标，是"治之本"①。国家出现混乱不治的情况，多半是执政者舍弃了法度"而任私议"的结果。

《商君书·修权》说：

> 世之为治者，多释法而任私议，此国之所以乱也。先王县权衡，立尺寸，而至今法之。其分明也。夫释权衡而断轻重，废尺寸而意长短，虽察，商贾不用，为其不必也。故法者，国之权衡也。夫倍法度而任私议，皆不知类者也。不以法论知、能、贤、不肖者，惟尧；而世不尽为尧。是故先王知自议誉私之不可任也，故立法明分，中程者赏之，毁公者

---

① 蒋礼鸿撰：《商君书锥指》卷3《错法第九》，第63页。

诛之。赏诛之法，不失其议，故民不争。①

商鞅认为，"法者，国之权衡也"②，不以法度治理国家，就是尧舜那样贤明的君主也不可能做得更好。然而，现实却不尽如人意。很多诸侯国的统治者，大都舍弃法度而听信私人的议论来处理国政，这是造成国家混乱的原因。

商鞅指出，古代的帝王知道不依靠法度而靠人言来治理国家是行不通的，所以建立了法度、明确了名分，合乎法度的就奖赏，损害公家利益的就惩罚。奖赏和惩罚的办法，均以法度为标准，所以民众没有争议。古代帝王设置的衡器，确立的尺寸，到现在人们还在效法与使用，是因为它们的标准明确而统一。抛开了衡器来判断轻重，废弃了尺寸来臆测长短，即使能明察秋毫，商人也不会采用这种方法，因为它不一定准确与可靠。法度，就是国家的衡器。离弃法度而用辩士的言论来治国，就像扔掉了称来评估东西的价值一样，都是远离治理之道而无法达到起衰振弱、治理国家的目的。

第二，在商鞅看来，严明法度也是治吏的政治需要。

商鞅洞悉人性深处的罪恶，认为君主、官僚机构共同组成国家的治理结构，仅仅依靠官僚的道德操守以及官僚之间的相互监督，是不足以防止官吏营私舞弊的。必须建立法度，

---

① 蒋礼鸿撰：《商君书锥指》卷 3《权修第十四》，第 82—83 页。
② 蒋礼鸿撰：《商君书锥指》卷 3《权修第十四》，第 83 页。

依靠法治，依靠君主掌握权力和运用权力的手段来贯彻实施法治。

商鞅指出：

> 夫废法度而好私议，则奸臣鬻权以约禄，秩官之吏隐下而渔民。谚曰："蠹众而木折，隙大而墙坏。"故大臣争于私而不顾其民，则下离上。下离上者，国之"隙"也。秩官之吏隐下以渔百姓，此民之"蠹"也。故有"隙""蠹"而不亡者，天下鲜矣。是故明王任法去私，而国无"隙""蠹"矣。[①]

离开了法度，奸滑之臣就会趁机欺上瞒下，卖弄权势，假公济私，向民众索取贿赂甚至鱼肉百姓而成为国家的"蠹虫"；民众因为无法可依，怨恨君主而与君主离心离德。因此，"上信而官不敢为邪"[②]，统治者必须严明法度，"任法去私"，不给君主与民众之间产生"缝隙"，不给贪官污吏有"蠹"的空间。

第三，在商鞅看来，道德是法治的产物，是实力的产物，法治的最高境界是道德。法度的最高境界是"以刑去刑，刑去事成"[③]的理想境界。其可行的办法是"立法明分而不以私害法"[④]，"重刑少赏""重其轻者""利出一空"[⑤]，等等。

---

① 蒋礼鸿撰：《商君书锥指》卷3《权修第十四》，第85页。
② 蒋礼鸿撰：《商君书锥指》卷1《垦令第二》，第7页。
③ 蒋礼鸿撰：《商君书锥指》卷3《勒令第十三》，第82页。
④ 蒋礼鸿撰：《商君书锥指》卷3《权修第十四》，第82页。
⑤ 蒋礼鸿撰：《商君书锥指》卷3《勒令第十三》，第80—81页。

第四，商鞅的法度简而易行，着眼于国家现实目标的实现。法度一旦制定并决定实施，就要做到"明白易知而必行"①，即公开透明可行，使人人知法明法，迅速适应并严格遵守。

第五，商鞅认为，法度应该出自君主，操之于上，代表国家的根本利益。商鞅在秦国推行的垦草令与军功授爵法，就是代表秦国富强利益的政策产物。

第六，商鞅认为治理天下的最高境界是君臣共同遵守法度，依法不依人，官吏不依赖君主，民众不依赖官吏，都依法作出决定，"故公私之交，存亡之本也"②。这才是真正的法治国家。

二、"信者，君臣之所共立也"

"信"，就是政府的公信力，是君主让民众执行政府治策法令的一种实力。对于治国理政者而言，法律的尊严和政府的信用是维护其权威的重要手段。

商鞅认为，一个国家，必须有诚信的价值观，这是国家的大事。商鞅虽然在理论上反对儒家的那一套"仁、义、礼、智、信"的信条，但在实践中其实是十分看重国家诚信的。

---

① 蒋礼鸿撰：《商君书锥指》卷5《定分第二十六》，第144页。
② 蒋礼鸿撰：《商君书锥指》卷3《权修第十四》，第85页。

即治理国家，必须首先讲诚信，做到兑现诺言，不说空话，做不到不说，说得到就必须做得到。

春秋战国时期，礼崩乐坏，表面上看是周天子统治的崩溃，实质上是国家政权信用的崩溃。这种崩溃是上层贵族一次又一次地践踏法律、失信于民造成的恶果。所以商鞅治理秦国，将政府的信用作为变法改革的保障，将法、信、权作为政治的三大根本要素，视之为政权的生命线。他用自己的一生去维护法度的尊严，信守自己的施政诺言，维护权力的公正决断。商鞅主张尊主集权，其目的就是为了维护"法"的尊严不受侵犯，促成以君主为代表的上层统治者对政府的公信力建设与坚持。他说："信者，君臣之所共立也。""民信其赏，则事功成；信其刑，则奸无端。"①政府的信用，要靠君主与臣民来共同建立。君主对法度做到言行一致，奖惩分明，民众就会相信君主的承诺，相信政府的力量，从而维护君主的统治，遵守政府的法令，按照君主的赏罚标准积极投身于富强国家的"农战"行动中。

治理国家，统治者一定要取信于民。《史记·商君列传》记载有这样一件事情：

> 令既具，未布，恐民之不信己，乃立三丈之木于国都市南门，募民有能徙置北门者予十金。民怪之，莫敢徙。复

---

① 蒋礼鸿撰：《商君书锥指》卷3《权修第十四》，第82页。

曰"能徙者予五十金"。有一人徙之，辄予五十金，以明不欺。卒下令。[1]

上段史料中的"令"便是《商君书》中所说的"垦草令"，也就是废井田、开阡陌、奖励农耕之令。"徙木赏金"这件事表明，商鞅变法伊始，民众对政府的信任还没有完全建立起来。徙木城门赏赐五十金，只不过是表示政府言而有信，颁布的法令必然会付诸实行。从商鞅这个举动来看，任何法令的实施，都必须以政府的公信力为前提条件。治理国家是全国各阶层的事情，不能仅仅是依靠政府的努力，还得依靠民众的信任和支持，君民一心共同努力。没有民众与政府互动的过程，任何法令都只是墙上的画饼而已。

司马光在《资治通鉴》有关商鞅变法的记载中，有一段很精辟的按语，他说：

> 臣光曰：夫信者，人君之大宝也。国保于民，民保于信。非信无以使民，非民无以守国。是故古之王者不欺四海，霸者不欺四邻，善为国者不欺其民，善为家者不欺其亲。不善者反之：欺其邻国，欺其百姓，甚者欺其兄弟，欺其父子。上不信下，下不信上，上下离心，以至于败。所利不能药其所伤，所获不能补其所亡，岂不哀哉！昔齐桓公不背曹沫之盟，晋文公不贪伐原之利，魏文侯不弃虞人之期，

---

[1] （汉）司马迁：《史记》卷68《商君列传》，第2231页。

秦孝公不废徙木之赏。此四君者，道非粹白，而商君尤称刻薄，又处战攻之世，天下趋于诈力，犹且不敢忘信以畜其民，况为四海治平之政者哉！①

实际上，历史上的任何变法改革，都是权力和利益的再分配，它当然会涉及贵族官僚这个既得利益的阶层。变法改革能否成功，要看执政者能不能有决心、有魄力、有智慧、能坚持，大刀阔斧地排除一切贵族官僚们的阻挠，用铁血手段去打破旧秩序的坚冰，开创新的局面。"垦草令"不仅对于民众有一个接受的过程，就是对于宗室贵族，也必然因为牵涉到诸多既得利益的调整而产生对抗和抵制的情绪与行为。《史记·商君列传》记载的"垦草令"中有这么一条：

令民为什伍，而相牧司连坐。不告奸者腰斩，告奸者与斩敌首同赏，匿奸者与降敌同罚。民有二男以上不分异者，倍其赋。有军功者，各以率受上爵；为私斗者，各以轻重被刑大小。僇力本业，耕织致粟帛多者复其身。事末利及怠而贫者，举以为收孥。宗室非有军功论，不得为属籍。明尊卑爵秩等级，各以差次名田宅，臣妾衣服以家次。有功者显荣，无功者虽富无所芬华。②

---

① （宋）司马光：《资治通鉴》卷2《周纪二》，中华书局1956年点校本，第48—49页。

② （汉）司马迁：《史记》卷68《商君列传》，第2230页。

在民众中实行什伍制度，奖励耕织与军功，一切官职与爵位按照"农战"政策重新认定。这对于普通民众而言，虽然一时不适，但究竟是个改变命运的机会，而对宗室贵族而言，则不啻当头一棒，令他们恐惧。

这里的宗室，是指秦国公室的宗族，或称公族，都是出身为贵族的特权阶层。按照商鞅变法新颁布的法令，他们也一定要立有军功，其贵族身份才能被承认。换句话说，他们的贵族身份与政治经济地位，不能再靠出身，而要靠军功的获得重新认可，有了军功，才能依据功绩重新确定下来。由于爵邑是依照军功的次数和大小来确定的，那么其身份的尊卑，也要依照军功所得之爵邑来确定高低，然后依照爵邑的高低来给予田宅，而其属下的臣妾所穿的服装，也得依照其爵邑来规定。这样有功绩的人会显得荣耀，没有功绩和爵邑的人，即使身为富豪也不显贵。这种打破旧有的宗法制度秩序，重新借军功代替世袭特权的改革措施，当然侵犯了贵族阶层的既得利益，他们怎么会放得下架子，与普通民众一起从底层做起去建功立业？这不是让那些出身高贵的贵族公子为难吗？所以当商鞅变法的法令公布以后，反对的统治高层者不少。那么，要认真行令，就必须借助国家政权的暴力力量首先去打击贵族公子们的反抗。《史记·商君列传》继续说：

令行于民期年，秦民之国都言初令之不便者以千数。于是太子犯法。卫鞅曰："法之不行，自上犯之。"将法太子。

太子，君嗣也，不可施刑，刑其傅公子虔，黥其师公孙贾。
明日，秦人皆趋令。行之十年，秦民大悦，道不拾遗，山无
盗贼，家给人足。民勇于公战，怯于私斗，乡邑大治。秦民
初言令不便者有来言令便者，卫鞅曰"此皆乱化之民也"，
尽迁之于边城。其后民莫敢议令。①

　　上述史料说明，商鞅遵照秦孝公的要求在秦国变法，一
开始就遇到了非常大的阻力，其后也一直是阻力重重。阻力
首先来自太子嬴驷，就是后来即王位的秦惠文王。为什么要
处分太子的师与傅呢？是表示法令颁布后，不论是什么人触
犯了法令，都要受到处分，作为嗣君的太子也不能例外。唯
其如此，才能产生震慑力，从而取信于民。商鞅变法"行之
四年，公子虔复犯约，劓之"。"商鞅相秦十年，宗室贵戚多
怨望者"②，这都说明商鞅变法一直存在着来自统治阶级高层
的阻力，变法与反变法、改革与反改革的斗争一直是在继续
的。商鞅之所以能够坚持变法改革到底，一是有秦孝公的坚
决支持，二是依恃了国家公信力的缘故。

　　韩非在其《韩非子·扬权》篇中说："以赏者赏，以刑
者刑，因其所为，各以自成。善恶必及，孰敢不信！规矩既
设，三隅乃列。"③规矩，是指法度，凡方物，正其一隅，则

①　（汉）司马迁：《史记》卷68《商君列传》，第2231页。
②　（汉）司马迁：《史记》卷68《商君列传》，第2232、2233页。
③　（清）王先慎撰：《韩非子集解》卷2《扬权》，第48页。

其余三隅皆自正。作为施政者，就是根据执行者的行为，该赏的便赏，该罚的便罚，不避亲戚贵贱。只有这样，才能建立起民众对于国家的法令的信崇。

《史记·秦本纪》说：

> 卒用鞅法，百姓苦之；居三年，百姓便之。乃拜鞅为左庶长。[1]

由此看来，一项好的法令，也要经过一段时间的实践检验，才能为民众所接受，法令的贯彻执行有一个过程，一旦定型以后，那就不能因人而异了。

商鞅变法，是利用了国家公信力才得以成功的。反过来，商鞅变法给秦国民众所带来的从物质利益到价值观念的全方位的变化，又进一步提高与巩固了这种保持信誉的国家公信力。因此，秦孝公死后，商鞅虽遭车裂之刑，但因其治理国家的政策成效显著，因此并未出现历史上常有的那种人亡政息的不幸情况，而是一直得到其后秦国历代统治者的继续奉行。秦亡以后，商鞅变法定下的关于农战的制度法令仍然在贯彻执行。不但如此，商鞅变法所实行的重农抑末政策，此后一直为历代统治者所遵循。汉王朝建立后，汉高祖刘邦"乃令贾人不得衣丝乘车，重租税以困辱之。孝惠、高后时，为天下

---

[1] （汉）司马迁：《史记》卷5《秦本纪》，第203页。

初定，复弛商贾之律，然市井之子孙亦不得仕官为吏"①。这一条有关士农工商在户籍上的区分的律文，一直延续到唐。《唐六典·户部》有这样一条规定：

> 辨天下之四人，使各专其业，凡习学文武者，为士；肆力耕桑者，为农；功作贸易者，为工；屠沽兴贩者，为商。工商之家不得预于士，食禄之人不得夺下人之利。②

实际上，这里所谓商人不得为仕做官，士之为官者不得经商的要求在《商君书·农战》已很明确了。

历史表明，在商鞅变法以后，秦国的小农经济确实有了一个飞跃发展的时期，因为"废井田、开阡陌"满足了农民对土地的要求，从而为秦统一天下奠定了坚实的基础。商鞅以"赏刑"为手段建立起来的公信力，也为秦统一打造出了一支几乎无敌于天下的军事力量。然而秦始皇死后，以秦二世、赵高、李斯为首的秦帝国最高统治集团并没有继续保持与执行商鞅的治国理念，用私欲代替公法，胡作非为。随着政府公信力的急剧下降，秦王朝也就很快灭亡了。

---

① （汉）司马迁：《史记》卷30《平准书》，第1418页。
② （唐）李林甫撰：《唐六典》《尚书户部卷》，陈仲夫点校，中华书局1992年版，第74页。

三、"权者，君之所独制也"

商鞅治国，特别重视执政者对权力的操控与使用。

作为一个铁腕的政治家，商鞅深谙权力对于治理国家的重要性。

第一，商鞅认为："权者，君之所独制也，人主失守则危。"①

统治者之所以能够统治民众、治理国家，就是因为他手中操有"赏刑"二柄，拥有制定、推行法律与号令民众的权力，一旦失去了这种权力，统治者就会和普通人一样软弱无力，甚至还会陷入更加危险的境地，因此，代表国家利益的"刑""赏"二柄只能由最高统治者操控与使用，而不能借给臣下。

关于君主"独制"权力的重要性，战国末期法家集大成者韩非有过这样一段精彩的论述：

> 夫虎之所以能服狗者，爪牙也，使虎释其爪牙而使狗用之，则虎反服于狗矣。人主者，以刑德制臣者也，今君人者释其刑德使臣用之，则君反制于臣矣。②

韩非的观点与商鞅相同，或者说很可能就是来源于商鞅

---

① 蒋礼鸿撰：《商君书锥指》卷 3《权修第十四》，第 82 页。
② （清）王先慎撰：《韩非子集解》卷 2《二柄》，第 40 页。

的治国理论。韩非认为拥有权势的君主，就好像一只凶猛的老虎，而老虎降服走狗的原因，是因为老虎有锋利的爪子和牙齿。同样，君主之所以有权力，即在于牢牢地把握住了权力的"二柄"。如果老虎失去了锋利的爪子和牙齿，它就成为一只大猫；而走狗有了锋利的牙齿和爪子，那么老虎就会被走狗所降服。君主失去了手中的"二柄"，就和普通人没什么两样；臣子掌握了"刑""赏""二柄"的，君主就被臣子架空，而无奈地将自己的命运交付给了权臣来制裁。

第二，商鞅认为："权制独断于君则威。"①

"权制"是统治者治理国家的命脉，集中在"刑""赏"二柄上面，是统治者管理国家所采用的手段。"刑"就是惩罚与杀戮，可引申为政治权力对臣民施加的一切惩罚和伤害形式，是对臣民言行的禁止；"赏"就是奖赏，是用国家的官职与爵位来激励臣民为国家效力的手段，可引申为政治权力对民众给予的一切奖赏与利益形式，是对民众言行的允许和鼓励。统治者所拥有的"权制"既是巩固统治的国家暴力机器，也是国家的公信力。因为人性是趋利避害的，所以民众害怕被诛杀、伤害的惩罚，而乐意去做得到奖赏、利益的事情，治理国家者只要用法令制度规定臣民什么可以做，什么不可以做，就可以保证臣民有令必行、有法必遵。只要统治

---

① 蒋礼鸿撰：《商君书锥指》卷3《权修第十四》，第82页。

者能牢固地掌握立法的权力，用"刑""赏"的手段去治理臣民，那么政令就能得到贯彻推行，法度就可以使人们严格遵守，君主的统治意志就可以得到实现。

第三，商鞅认为，"君尊则令行""处君位而令不行，则危"①。

在商鞅看来，"君位"与"权制"相辅相成。有"君位"才能有"权制"，"权制"是"君尊令行"的基础。君主之所以受人尊崇并能做到令行禁止，都是因为拥有了"权制"的缘故。"君位"就是"势位"，"凡知道者，势、数也。故先王不恃其强，而恃其势；不恃其信，而恃其数。今夫飞蓬遇飘风而行千里，乘风之势也；探渊者知千仞之深，悬绳之数也。故托其势者，虽远必至；守其数者，虽深必得。"②

对于"势位"的重要性，战国时期另一位法家慎到也曾经做过深入的研究，《韩非子·难势》引用他的话说：

　　飞龙乘云，腾蛇游雾，云罢雾霁，而龙、蛇与蚓、蚁同矣，则失其所乘也。贤人而诎于不肖者，则权轻位卑也；不肖而能服于贤者，则权重位尊也。尧为匹夫，不能治三人；而桀为天子，能乱天下。吾以此知势位之足恃，而贤智之不足慕也。夫弩弱而矢高者，激于风也；身不肖而令

---

① 蒋礼鸿撰：《商君书锥指》卷5《君臣第二十三》，第130页。
② 蒋礼鸿撰：《商君书锥指》卷5《禁使第二十四》，第132页。

行者，得助于众也：尧教于隶属而民不听，至于南面而王
天下，令则行，禁则止：由此观之，贤智未足以服众，而势
位足以屈贤者也。①

飞龙乘云，腾蛇游雾，一旦云停雾散，飞龙和腾蛇就与蚯
蚓、蚂蚁一样渺小而无力，这是因为它们丧失了云雾之势的依
靠。贤者之所以屈服于不贤者之下，是因为手中权力和地位低
下；而不贤者之所以能屈服贤者，则是因为他们权力重和地
位高。如果尧是一个普通人，他就连三个人也不能驱使；而
桀身为天子，就能够动乱天下。由此可见，治理国家，权力
和地位是必须依赖的，而依靠贤明和智慧，则事不成。尧以
普通人的身份教导百姓，百姓不会服从；但当他成为君王，
就可以主宰天下，令行禁止。可见贤与智并不能服众，而权
势和地位足以让天下人都听从驱使。在执政者的拥"势"、
用"势"与保"势"上，慎到与商鞅，可谓心灵相通。

综上所述，商鞅论述治国之道，践行治国之道，都是建
立在治国三宝，即"法""信""权"的基础之上的。商鞅
治国虽然法术势兼讲，但因为有秦孝公的极度信任与全力支
持，本身已经拥有了秦国之"势"与秦国之"权"，因此他
的治理重点，更多地集中在使用政术以开创与保障秦国实现
富强的新法度的上面。他阐述的"法""信""权"与国家

---

① （清）王先慎撰：《韩非子集解》卷17《难势》，第388页。

治理之间的关系，用"法"、用"信"、用"权"的治理实践，都是一笔极为珍贵的财富，值得我们去深入发掘、全面总结。时代不同了，商鞅已经完成他的历史使命，我们需要完成我们的历史使命。在实现国家治理现代化为目标的新时代，总结商鞅治理国家的经验教训，发掘历史背后的文化价值，对于古为今用，实现传统文化资源的现代转化，无疑具有重要的意义。

结　语　商鞅治国论

公元前 361 年，在秦孝公《招贤令》的感召下，商鞅来到秦国，从此，他的命运便与秦国复兴的命运实现了高度结合。公元前 359 年，商鞅在徙木立信之后正式开始循序渐进、有条不紊地推行变法。变法分成两个阶段。第一阶段的变法将近十年，侧重于国家层面。第二阶段的变法历时十年多，侧重于社会层面。第一阶段和第二阶段相互递进、相互渗透、相互补充，使国家与社会的变革互为表里，深入国家、深入社会、深入人心、深入历史。商鞅以铁血手段与言必行、行必果的改革揭开了强秦新帷幕，开启了秦国统一天下大业的总枢纽。

一、便国不必法古

商鞅入秦，通过景监得见秦孝公，交谈四次。前两次他对秦孝公陈说"帝道""王道"方案，都未引起秦孝公的兴趣。最后，商鞅拿出"霸道"方案向秦孝公陈说强国之术，秦孝公大悦，于是决定任用他进行变法。

　　为了统一思想，减少阻力，在变法之前，秦孝公亲自主持了一次会议，会上商鞅与一些守旧大臣就是否要在秦国变法进行了一场激烈的辩论。商鞅指出："圣人苟可以强国，不法其故；苟可以利民，不循其礼。"要实现强国利民的目标，不应拘于旧礼旧俗。孝公称"善"。守旧的贵族甘龙反驳说："不然。臣闻之，圣人不易民而教，知者不变法而治。因民而教者，不劳而功成；据法而治者，吏习而民安。今若变法，不循秦国之故，更礼以教民，臣恐天下之议君。愿孰察之！"商鞅反驳说："子之所言，世俗之言也。"三代不同礼，五代不同法，作法更礼是智者、贤者之事，愚者、不肖者只能拘于礼、制于法，不可与之谈论变法大事。杜挚又说："利不百，不变法；功不十，不易器"，"法古无过，循礼无邪"，希望秦孝公慎重考虑。商鞅又对杜挚的法古循礼论进行反驳，指出："前世不同教，何古之法？帝王不相复，何礼之循？"法与礼都不是一成不变的，"礼、法以时而定，制、令各顺其宜，兵甲器备各便其用。臣故曰：'治世不一道，便国不必法古。'"商鞅有力地驳斥了守旧贵族法古循礼的保守思想，也坚定了秦孝公的变法决心。秦孝公表示："拘世以议，寡人不之疑矣。"[1]这场辩论扫除了变法的障碍，为商鞅变法

---

① 蒋礼鸿撰：《商君书锥指》卷1《更法第一》，第3、4、6页。

做了思想上和舆论上的准备。辩论后，秦孝公即任命商鞅正式变法。

二、废井田，开阡陌，平赋税

商鞅实行土地制度的变革，"开阡陌封疆"，彻底打破旧的田界，以二百四十步为亩，重新设立田界，不许私自移动。重新划分田界后，除国家直接经营的土地外，把土地分授给农民。授田以户籍为依据，授田对象为农户和有军功者。为增加劳动力，促进土地垦辟，商鞅实行"徕民"政策，以授田、不起征、复三世等优惠政策吸引别国劳动力。商鞅所实行的新的土地制度，促进了秦国土地垦辟和农业生产的发展。同时，商鞅制定了赋税制度，有田税、口赋、徭役。田税是在授田的基础上以户为单位征税，口赋则以丁为单位征收，徭役为成年男子按规定服兵役和力役。商鞅的土地制度和赋税制度是相辅而行的，所以《史记》说："为田开阡陌封疆，而赋税平。"①

---

① （汉）司马迁：《史记》卷68《商君列传》，第2232页。

三、奖励耕织，重农抑商

　　商鞅治国思想的核心是"农战"，其中"农"处在基础的最核心的经济地位。

　　新法规定，凡粮食和布帛生产多的人可以免除劳役和赋税。从事商业、手工业和因游手好闲导致贫穷的，将其个人，连同妻子、儿女一起没入官府为奴。用司马迁在《史记·商君列传》中的原话就是"僇力本业，耕织致粟帛多者复其身。事末利及怠而贫者，举以为收孥"①。国家不许商人买卖粮食、不许开设旅店，通过"贵酒肉之价，重其租，令十倍其朴""重关市之赋，则农恶商"②等措施，加强对工商业者的限制，加重他们的徭役和赋税，促使他们尽可能多地破产，从而扩大农业劳动者的队伍。

　　由于秦国地广人稀，荒地很多，商鞅也把奖励开垦荒地作为发展农业生产的重点。他甚至建议秦孝公采取奖励措施，从秦国以外的三晋地区招徕移民，给予支持，使其为秦国开垦与农耕出力，以让更多的秦国本土居民腾出手来成为军人为国家开疆拓土。

　　商鞅的改革，奠定了中国几千年传统的重农抑商、重本轻末治国思想的基础。这一思想被以后历代封建统治者所继

---

　　①　（汉）司马迁：《史记》卷68《商君列传》，第2230页。
　　②　蒋礼鸿撰：《商君书锥指》卷1《垦令第二》，第17页。

承。长此以往使中国的经济模式成为单纯的农业经济，使中国的社会成为一个农业社会。这一思想与举措，对于两千年来中国大一统集权制封建国家的发展与稳定，客观地说，还是功不可没的。

四、奖励军功，按军功授爵

在重视农本、富利国家的情况下，商鞅进一步推出了强兵的国策。其目的不外乎是为实现秦孝公收回河西之地的目标，进而东进中原，开疆拓土。

与奖励军功联系最密切的是爵位制。在商鞅变法之前，秦国也有官爵，如上造、大夫、庶长等，但不细密。

商鞅变法的两大支柱：一是农耕法，一是军功法。无论农耕法还是军功法，都不是商鞅首创，但是将农耕之功与军功相提并论，则是商鞅的首创。从此，农业和军事从根本上成为支持秦发展的两大支柱性产业，经过几代人的苦心、专心、精心经营，为秦带来了丰厚的国家收益。

功名是一项巨大的荣誉，它的背后存在着巨大的利益，足以吸引人们的眼球、驱动人们的心灵和支配人们的行动。

商鞅深谙人们的这种心理，因此在变法过程中，对秦的爵制进行了系统的整理和改造，明确规定出了20个等级：（1）公士；（2）上造；（3）簪袅；（4）不更；（5）大夫；（6）官大夫；（7）公大夫；（8）公乘；（9）五大夫；（10）左庶长；
（11）右庶长；（12）左更；（13）中更；（14）右更；（15）少
上造；（16）大上造；（17）驷车庶长；（18）大庶长；（19）关
内侯；（20）彻侯。①

与官爵相配套的，便是规定相应的特权与待遇：

（1）凡在战争中能杀得敌人甲士一人，并取得其首级
者，赐爵一级，赐田一顷，宅九亩。

（2）凡在战争中杀得敌人一人，并取得其首级者，可得
百石之官。

（3）凡在战争中斩得敌一甲首者，还可役使一人（或一
家）为自己的农奴，"除庶子一人"，得五个甲首的即可"隶
五家"。

商鞅同时规定：无军功者虽是宗室贵族，也不得超越规
定的标准多占田宅、臣姜。"宗室非有军功论，不得为属籍。
明尊卑爵秩等级，各以差次名田宅，臣姜。衣服以家次。有
功者显荣，无功者虽富无所芬华。"②

商鞅还明确规定，严厉禁止私斗，违犯者"各以轻重被
刑大小"③。

---

① 有关商鞅变法时所定军功爵制的具体等级，目前有二十等（张金光《秦制研
究》）、十八等（朱绍侯）、十七等（守屋美都雄）、十五等（安作璋、熊铁基）
四种说法。

② （汉）司马迁：《史记》卷 68《商君列传》，第 2230 页。

③ （汉）司马迁：《史记》卷 68《商君列传》，第 2230 页。

以军功大小为标准来重新确定人们在社会中的政治经济地位，取消过去以血缘亲疏及世袭制确定功名利益及官爵贵贱的方法，是注定要遭到既得利益者的强烈反对的。这是因为，既得利益者不是一般的普通百姓，他们或为宗室贵戚，或为达官贵人，本身手中就握有一定的权力，拥有很大的社会影响力。推翻旧的游戏规则重新建立一套新的游戏规则，这是秦国政坛上的一次巨大地震。商鞅在此时就已经深深地得罪了秦国的权贵集团。只不过，他们惧怕秦孝公的惩罚，敢怒不敢言，把心中的怨气与报复情绪压在心底罢了。

另一方面，我们也应当看到，废除世袭爵位，改为以军功大小为标准来确定政治上的尊卑、高低等级，确实调动了秦国下层有志气、有能力但苦于无门路而不能取得荣华富贵的民众的积极性。

以军功大小授爵，鼓励人们为国家奋勇作战，就是为自己及家庭的美好幸福而战，将国家利益与民众的私人利益有机地合二为一，这是商鞅运用自己政治智慧的又一项令人赞绝的治国举措。军功爵位制的激励效果经过商鞅变法的充分发掘，尤其是商鞅对下层爵位的侧重，将秦人的战斗力通过物质和荣誉的双重激励、生与死的双重考量充分激发了出来，从而在根本上再造了秦国军队的战斗力，也继而反作用于秦国的政治和经济。军功爵位制不但把秦人的尚武精神推向了一个极致，更为重要的是，商鞅以此为手段巧妙地将这种精神转化成了为国家拼死效力的巨大物质力量。

五、实行连坐，轻罪重罚

在商鞅的治国方针中，严刑峻法是保障他实行富国强兵道路上的卫兵。他本人就亲口说过："刑生力，力生强。"①这里的刑，我们可否将其理解为法律政令呢？可以。因为通过刑治确保变法的顺利实施与社会的治安和稳定，是商鞅法治思想中一项十分重要的内容。

在变法过程中，商鞅把全国居民编入户籍。五家为一伍，二伍为一什，互相监督。一家犯法，其他九家同法治罪。发现有人犯罪要及时报告，"不告奸者腰斩，告奸者与斩敌首同赏，匿奸者与降敌同罚。"②这种什伍制度，最终成为后代历代王朝在乡村实行的保甲制度的滥觞，成为后世从秦至清历代统治者治理乡村的一个重要的制度依据。

商鞅还实行轻罪重罚，主张重其轻者，以刑去刑。"行刑重其轻者。轻者不至，重者不来。是谓以刑去刑也。"③

在商鞅看来，先人发明断足、黥面、车裂等刑罚，表面上看甚是残暴，但其目的却不是用来伤民，而是为了达到禁奸止过的目的。在重刑面前，老百姓感到恐惧，就不敢轻易地以身试法，作出违法乱纪的事情。

---

① 蒋礼鸿撰：《商君书锥指》卷 2《说民第五》，第 38 页。
② （汉）司马迁：《史记》卷 68《商君列传》，第 2230 页。
③ （清）王先慎撰：《韩非子集解》卷 9《内储说上》，第 225 页。

在商鞅看来，如果一味地强调量刑公允，以重刑罚重罪，用轻刑罚轻罪，就会让人们去钻法律的空子，容易滋长违法犯罪的心理与行为，不容易达到真正"用刑"的目的。

韩非子说过："公孙鞅之法也重轻罪。重罪者，人之难犯也；而小过者，人之所易去也。使人去其所易，无离其所难，此治之道。夫小过不生，大罪不至。是人无罪而乱不生也。"①

为了真正达到以刑去刑的理想效果，商鞅甚至于对随便倒垃圾的人也要治以重罪，处以黥刑，对盗窃牛马者更是重判以死刑。

今天看来，商鞅治国确实有其理想家的一面。事实上，任何法令都有它不足的一面，世界上没有什么事物是能够达到十全十美的标准的。"以刑去刑"可以最大程度地起到其有利于政治与社会生活的积极的一面。但真理往前再走一步，往往就会走向其反面，变成谬误，反而达不到目的。"重刑，连其罪，则民不敢试"②，并不是绝对的真理。"国无刑民"可能只是治理者心中一种永远的理想，在现实生活中，从人类有阶级、国家以来，目前还未见到哪个国家或地区能够真正达到过这种理想的境界。

---

① 　（清）王先慎撰：《韩非子集解》卷 9《内储说上》，第 225 页。
② 　蒋礼鸿撰：《商君书锥指》卷 4《赏刑第十七》，第 101 页。

六、改革旧俗陋习

移风易俗，"令民父子兄弟同室内息者为禁。"①

这是令商鞅十分自豪的一件改革成就。

秦国受戎翟的风俗影响较深，例如父子兄弟同室而息，男女无别等。所以也不怪乎山东六国以戎翟视秦，秦孝公为六国以戎翟视秦感到耻辱。为了瓦解秦国原有的宗族组织，商鞅实行了分户令，禁止家族聚居，成年男子必须另立门户。商鞅变法成功地改变了这个风俗，不但分男女之别，而且禁止父子兄弟同室而息。

商鞅说："始秦戎翟之教，父子无别，同室而居。今我更制其教，而为其男女之别。"②也就是说，昔日秦国充斥着西戎习俗，父子男女无别，从商鞅开始，才下令禁止了父子兄弟姐妹同室而居的陋俗。这条禁令，对于文明程度较高的东方六国或许算不得什么惊天动地的大事情。但是，放在当时具有戎俗习惯的秦国，却是一件了不起的改革，其困难之大可以想象。商鞅的移风易俗促进了人们人伦规范及观念的变化，有利于小家庭的普遍确立及伦理文明的进一步发展。

同时，商鞅也以强制的方式禁止享乐奢侈以及不必要的浪费。

---

① （汉）司马迁：《史记》卷68《商君列传》，第 2232 页。
② （汉）司马迁：《史记》卷68《商君列传》，第 2234 页。

商鞅变法的核心是耕战，而享乐、奢侈和浪费无疑会削弱耕战的意志，最终影响农民耕织的积极性以及军队的战斗力。为了防止淫逸之风蔓延，商鞅从精神和物质两个方面同时加强了控制。在精神方面，音乐、舞蹈、装饰等活动都受到限制，文学艺术必须服从于耕战之需。在物质方面，对酒肉收取重税。这样一来，享乐奢侈的风气就无法形成，大吃大喝铺张浪费的风气也无存在的基础。秦人从而养成了一种朴实无华的作风，这种朴实无华的作风用之于耕织则耕织发展，用之于作战则战斗更容易取胜。直到今天，我们对于奢侈浪费的限制、尊重公德的习惯都还在一直强调。

七、推行县制

商鞅在秦国推行县制，"集小乡邑聚为县，置令、丞。"①
县制的形成并不以商鞅变法为开端，但是，秦国县制的全面确立，却是以商鞅变法为开端的。
县原本是周天子居住区的名称。周天子的实际地位逐步下降之后，诸侯大国也开始将新兼并的膏腴之地称为县，而将比较偏远、地广人稀的地方称为郡。随着兼并战争的日益频繁，郡县的设置越来越普及。

---

① （汉）司马迁：《史记》卷68《商君列传》，第2232页。

　　商鞅在行政制度上的改革是将秦国原军事性质的县完全转变为行政建置，并大力推广和普及。商鞅在法令中规定：郡县的长官不能世袭，由国君直接任免。县下设立乡、亭、里等地方机构，直至"什伍""并诸小乡聚，集为大县，县一令，四十一县"①，即将小的乡、邑、聚组织合并为县，每县设令、丞，使之成为直属国君的地方行政机构，县令与丞是领取俸禄的政府官员，由国君直接任免，由此加强了中央集权，建立了中央集权的政治体制。商鞅认为："百县之治一形，则从，迁者不敢更其制，过而废者不能匿其举。过举不匿，则官无邪人。迁者不饰，代者不更，则官属少而民不劳。官无邪则民不敖，民不敖则业不败。官属少，征不烦，民不劳，则农多日。"②实行县制，官吏不敢因私枉法，有过错的官吏不能掩饰其劣迹，百姓就会安居乐业，勤勉本业，国家就会富强。

　　商鞅将县化零为整，将小乡邑聚集起来组成县，以县为地方行政的基本单位。这样一来分封的制度根基就被抽去，分封制下领主对领邑的政治特权不复存在。

　　经过商鞅的这一改革，秦国的政权、兵权、财权、人事任免权就统统集中到了国君的手中，以君主集权为核心的官僚政治体制在秦国以法律制度的形式正式确立了起来。秦国正

---

　　① （汉）司马迁：《史记》卷5《秦本纪》，第203页。
　　② 蒋礼鸿撰：《商君书锥指》卷1《垦令第二》，第16—17页。

是凭借这种先进的政体，迅速改变了战国时代的政治格局，从一个落后挨打的西方小国一跃而成为东方各国的梦魇，这岂不正应了《周易》里所说的"穷则变，变则通，通则久"的道理？即使是今天，我们再翻阅审视这段历史，也还是止不住想赞扬这位敢于改革政体的"弄潮"英雄。商鞅创立的中央集权官僚政体以及地方政体——县制，对于秦国实现政治上的统一以及由贵族封建制向君主官僚政治的转变，确曾起到了重大的作用，是中国古典政治文明的杰作。

八、统一度量衡与迁都咸阳

公元前344年，商鞅下令在秦国实行统一的度量衡制度。

商鞅统一度量衡的措施主要有两项：其一是统一进位制，将升、斗、权、衡、丈、尺作统一规定；其二是制造度量衡器作为标准公开，并在全国各地统一配置。这两项措施要求秦人必须严格执行，不得违犯。度量衡的统一使秦国有了标准的度量准则，为人们从事经济活动提供了便利的条件，对赋税制的统一产生了积极作用，同时也从经济上进一步削弱直至消除了地方领主的势力。商鞅变法的连环性、连贯性，由此可见一斑。

度量衡制度的统一是与土地制度、赋税制度及俸禄制度相配套的重要改革。商鞅制定了度量衡单位和进位制；为保证其实行，又颁布标准度量衡器于各地。今存于世的商鞅方升就是当时颁行的一件标准量器。从商鞅开始，秦国就很注意度量衡器的标准化，官府每年都要定期检查度量衡器，以维护商鞅所定标准的执行。

商鞅变法期间，秦国将都城迁往咸阳，这更便于秦国"东向以制诸侯"①。

这一决定，是秦孝公与商鞅二人高瞻远瞩、同力合作的结果。原因有：

第一，随着变法的推进、秦国国力的增强、对魏作战取得的一系列胜利，魏国已经不能再构成对秦国的威胁，斗争中心需要进一步向东转移，栎阳作为都城显然已经完成了它的政治使命。

第二，咸阳位于关中的中心地带，周围物产丰富，交通便利。它北依高原，南临渭水，东扼函谷要关，西拥雍州重地，雄踞甘陇和巴蜀通往中原的要津，东又有水路直通渭水、黄河，用顾祖禹《读史方舆纪要》一书中的原话形容就是真可谓"据天下之上游，制天下之命者也"②。

第三，随着变法的成功与对魏战争的胜利，秦孝公的雄心进一步膨胀，已经远不满足于当初刚继位时"招贤令"中所

① （汉）司马迁：《史记》卷68《商君列传》，第2232页。
② （清）顾祖禹撰：《读史方舆纪要》卷51《陕西方舆纪要序》，贺次君、施和今点校，中华书局2005年版，第2449页。

说的"强秦"及"复穆公之故地，修穆公之政令"的愿望，他又在现有基础上，产生了"帝业"的冲动。

贾谊说：

> 秦孝公据崤函之固，拥雍州之地，君臣固守，以窥周室，有席卷天下、包举宇内、囊括四海之意，并吞八荒之心。[①]

从秦孝公任用商鞅在秦国实行伤筋动骨的大变革举动来看，这话的确是一语中的。商鞅在咸阳大"筑冀阙宫廷"[②]，全力贯彻秦孝公的战略意图，为秦国向东统一天下，在战略上已经做好了准备。

九、统一思想

在意识形态方面，商鞅主张推行"一言""一教"。

春秋战国时代是诸子百家治国理论十分繁荣的时代，每一个国家都会根据自己的需要以及对天下大势的判断选择自己的治国理论。商鞅则基于秦国的现实利益和对天下争于实力的实际情况选择了法家思想。商鞅认为，要想治理好国家，就只能以一种理论作为指导思想，而不能将其他的学说掺杂

---

① （汉）司马迁：《史记》卷48《陈涉世家》，第1962页。
② （汉）司马迁：《史记》卷68《商君列传》，第2232页。

于其中，更不能任用巧言辩说之徒，听任他们议论朝政。议论纷纷而抓不住要害，只会迷惑君主、扰乱民心，助长空谈、虚伪、浮夸的风气。所以要推行"一言"：君主法治；"一教"：以吏为教，使整个国家与民众专心致志于耕战。

秦的主导意识形态是在商鞅集中强制推行下实现的，直到秦政权灭亡，法治思想一直主导着秦国政治。这种持续不断的法治路线，得益于商鞅变法时期的集中强势推进。商鞅可谓是中国传统政治主张意识形态定于一尊的开山祖师。

为了统一国人的思想于"农战"，商鞅主张燔《诗》《书》，明法令。

商鞅燔《诗》《书》，是因为他认为《诗》《书》对于治国有害而无益，容易扰乱、蛊惑民心，使空谈之风蔓延，对法令的执行具有破坏作用，会更进一步导致耕战目标的无法实现。因此，他视《诗》《书》为亡国之道，认为国家和百姓如果把精力用在《诗》《书》的研习上，就会导致国家的贫弱和人们思想的混乱。因此，只有禁止人们习谈《诗》《书》，百姓才会专心致志于耕战，国家才会走向富强。

十、结　论

关于商鞅之治国理政，当不出上述主要内容。

《盐铁论·非鞅》说：

> 昔商君相秦也，内立法度，严刑罚，饬政教，奸伪无所容。外设百倍之利，收山泽之税，国富民强，器械完饰，蓄积有余。是以征敌伐国，攘地斥境，不赋百姓而师以赡。故利用不竭而民不知，地尽西河而民不苦。盐、铁之利，所以佐百姓之急，足军旅之费，务蓄积以备乏绝，所给甚众，有益于国，无害于人。①

商鞅是战国时代政治眼光最犀利的人物。

在商鞅治国实践中，从来没有失去他对人性的准确把握，诉诸理想，诉诸理性，诉诸利益，诉诸法律，对于他来说根本不需要分什么彼此，因为，在商鞅的治国思想中，理想、理性、利益、法律是一体的，家国是一体的，个人与国家的利益是一体的。这场变法与每个秦人都有关，是对当时秦整个国家、社会以及个人身份的再造，各个阶层的利益都在变法之中受到或大或小的冲击，都有或得或失的体现，或爱或憎的情绪。这是场深刻而史无前例的变法，也是场透彻淋漓的变法，是场稳健的变法，更是场注定要改写历史的变法。

耕战政策和以法治国，构成了商鞅治国思想及实践的两大支柱。

商鞅变法、王安石变法与张居正变法并称为中国古代历史最重要的三大变法，但唯有商鞅变法没有"人死政废"。

---

① （汉）桓宽撰集：《盐铁论校注》卷2《非鞅》，王利器校注，中华书局1992年版，第93页。

《韩非子·定法》中说："及孝公，商君死，惠王即位，秦法未败也。"①

商鞅变法，无论对当时的秦国，还是对以后的中国，皆至关重要。秦始皇的大一统、以法治国、郡县制、中央集权等"秦政"，无一不是从商鞅的施政方针那里继承发展而来的。商鞅变法，不但实现了秦孝公的强国梦，而且为秦统一六国开辟了坚实而广阔的道路。无商鞅变法，秦恐怕无力得天下。其诸多变法内容对于此后中华两千年政治影响之甚之大，已经由后世的历史做了很好的诠释。

最后，本书以北宋宰辅王安石歌颂商鞅的一首诗来作为"商鞅治国论"的结束语：

自古驱民在信诚，一言为重百金轻。
今人未可非商鞅，商鞅能令政必行。

---

① （清）王先慎撰：《韩非子集解》卷17《定法》，第398页。

附　录

一、主要参考书目

（北宋）司马光编撰：《资治通鉴》，中华书局 1956 年点校本。

（汉）司马迁撰：《史记》中华书局 1959 年点校本。

（清）洪亮吉撰：《春秋左传诂》，中华书局 1987 年版。

（战国）商鞅著，张觉译注：《商君书全译》，贵州人民出版社 1993 年版。

（清）王先慎撰，钟哲点校：《韩非子集解》，中华书局 1998 年版。

高亨注译：《商君书注译》，中华书局 1974 年版。

蒋礼鸿撰：《商君书锥指》，中华书局 1986 年版。

郑良树著：《商鞅及其学派》，上海古籍出版社 1989 年版。

程树德撰，程俊英、蒋见元点校：《论语集释》，中华书局 1990 年版。

王守谦、喻芳葵、王凤春、李烨译注：《战国策全译》，贵州人民出版社 1992 年版。

白钢主编，王宇信、杨升南著：《中国政治制度通史》（第二卷，先秦），人民出版社 1996 年版。

钱穆著：《先秦诸子系年》，商务印书馆 2005 年版。

刘泽华著：《中国政治思想史集》，人民出版社 2008 年版。

张晋藩著：《中华法制文明的演进》，法律出版社 2010 年版。

梁启超等编著：《中国六大政治家》，中华书局 2014 年版。

汪少炎著：《铁血与法治——商君法传》，中国政法大学出版社 2016 年版。

蒋伯潜著：《诸子通考》，中华书局 2016 年版。

杨宽著：《战国史》，上海人民出版社 2016 年版。

武树臣著：《法家法律文化通论》，商务印书馆 2017 年版。

朱永嘉著：《商鞅变法与王莽改制》，中国长安出版社 2018 年版。

二、商鞅行政大事记

秦孝公元年（公元前 361 年）

秦孝公发布招贤令，商鞅奔秦，因景监求见孝公。

秦孝公三年（公元前 359 年）

秦孝公任命商鞅为左庶长。

第一次商鞅变法开始。

令民为什伍，而相牧司连坐。不告奸者腰斩，告奸者与斩敌首同赏，匿奸者与降敌同罚。民有二男以上不分异者，倍其赋。有军功者，各以率受上爵；为私斗者，各以轻重被刑大小。僇力本业，耕织致粟帛多者复其身。事末利及怠而贫者，举以为收孥。宗室非有军功论，不得为属籍。明尊卑爵秩等级，各以差次名田宅，臣妾衣服以家次。有功者显荣，无功者虽富无所芬华。

秦孝公七年（公元前 355 年）

秦孝公与魏惠王在杜平会盟。

秦孝公八年（公元前 354 年）

秦与魏战元里。

秦孝公十年（公元前 352 年）

秦孝公以商鞅为大良造，将兵围魏安邑。

秦孝公十一年（公元前 351 年）

商鞅围魏固阳。

秦孝公十二年（公元前 350 年）

第二次商鞅变法开始。

秦迁都咸阳。

令民父子兄弟同室内息者为禁。

集小乡邑聚为县，置令、丞，凡设四十一县。

为田开阡陌。

平斗桶权衡丈尺。

秦孝公十三年（公元前 349 年）

秦在县初设秩史。

秦孝公十四年（公元前 348 年）

秦初为赋。

秦孝公十八年（公元前 344 年）

商鞅铸标准铜升。

秦孝公十九年（公元前 343 年）

秦建武城。

天子致伯。

秦孝公二十二年（公元前 340 年）

商鞅伐魏，虏公子卬，大败秦军，魏割河西之地于秦。

秦孝公封商鞅为列侯，将於、商之地十五邑封于商鞅，号商君。

秦孝公二十四年（公元前 338 年）

秦孝公卒，秦惠文君即位。

秦惠文君杀商鞅，但继续推行商鞅的新法。